ANSELM GRÜN
NIKOLAUS SCHNEIDER

LUTHER
GEMEINSAM
BETRACHTET

ANSELM GRÜN
NIKOLAUS SCHNEIDER

LUTHER
GEMEINSAM
BETRACHTET

Reformatorische Impulse für heute

Herausgegeben von

Lothar Bauerochse und
Klaus Hofmeister

Vier-Türme-Verlag

Bibliografische Information der Deutschen Nationalbibliothek

Die Deutsche Nationalbibliothek verzeichnet diese Publikation in der Deutschen Nationalbibliografie. Detaillierte bibliografische Daten sind im Internet über http://dnb.d-nb.de abrufbar.

1. Auflage 2017
© Vier-Türme GmbH, Verlag, Münsterschwarzach 2017
Alle Rechte vorbehalten

Umschlaggestaltung: Thomas Uhlig, www.deruhlig.com
Fotos: Catherine Avak, www.by-avak.de
Druck und Bindung: CPI Books GmbH, Leck
ISBN 978-3-7365-0046-4

www.vier-tuerme-verlag.de

Lothar Bauerochse   Nikolaus Schneider   Anselm Grün   Klaus Hofmeister

Vorwort

Noch ein Buch über Luther? Ich war skeptisch, als die Anfrage kam. Im Bücherregal der Kirchenredaktion des Hessischen Rundfunks stehen fast zwei Dutzend Neuerscheinungen zum Reformationsjahr 2017 und warten darauf, gelesen zu werden. Doch ein Buch wie dieses, das Sie in Händen halten, hat kein anderer Verlag im Angebot. »Luther gemeinsam betrachtet«: Das sind zwei prominente Theologen im Gespräch, einer katholisch, einer evangelisch, beide weit über ihre Konfession hinaus bekannt und geachtet, beide mit den Lebensfragen der Menschen heute zutiefst vertraut. Sowohl der Benediktiner Anselm Grün wie der ehemalige EKD-Ratsvorsitzende Nikolaus Schneider haben gut sechs Jahrzehnte bewussten Christseins und religiöser Suche gelebt. Es waren Jahrzehnte, in denen sich die jahrhundertelang bis aufs Blut verfeindeten Konfessionen rasant angenähert haben. Und für diese Lernerfahrung in der Annäherung stehen Pater Anselm und Nikolaus Schneider. Bei klarer Verwurzelung in ihrer konfessionellen Tradition bringen sie Neugier, Sympathie und Offenheit für den Partner mit.

Die Aussicht, diese beiden Glaubensdenker und Glaubensinterpreten zwei Tage lang für ein Buch und einige Radiosendungen im Hessischen Rundfunk in ein intensives Gespräch verwickeln zu dürfen, hat mich als katholischen Theologen und Radiojournalisten begeistert. Mein Kollege, der evangelische Theologe und hr-Kirchenredakteur Lothar Bauerochse, kam mit ins Herausgeberteam, sodass aufseiten der fragenden Journalisten ebenfalls beide Konfessionen zum Zuge kommen.

Von Anfang an war uns klar, dass wir keine geschichtliche Abhandlung und auch kein reformationstheologisches Seminar wollten, sondern vielmehr ein Gespräch »zur Zeit«, wir wollten wissen, wie Anselm Grün und Nikolaus Schneider Luther heute sehen, was von dieser Figur und seinem reformatorischen Impuls uns auch im 21. Jahrhundert noch ansprechen und den eigenen Glauben inspirieren kann – über Konfessionsgrenzen hinweg.

Die theologischen Stichworte, an denen entlang wir dieses Gespräch führen, gehen zurück auf die Leitgedanken der Reformation. Luther hat mit seiner »reformatorischen Entdeckung« die eigene Angst beruhigt und den Glauben als Sprung in das Vertrauen entdeckt. Angst und Vertrauen haben heute andere Erscheinungsformen, sie bilden aber existenzielle Themen, die viele betreffen und über die sich mit Luther nachzudenken lohnt. Wie fand er und wie finden wir heute zum »Glauben können«, wie geht es heute wie damals, aus einer Hoffnung heraus zu leben?

Fast überzeitlich und archetypisch wirken manche Szenen aus Luthers Leben. Sein »Hier stehe ich« vor Kirche und Kaiser in Worms beeindruckt bis heute – und wirft Fragen auf: Wie sind absoluter Widerstand und Eintreten für eine Überzeugung zu rechtfertigen, wo doch der Fundamentalismus heute als eine große Gefahr erscheint? Wie lässt sich Luthers Überzeugung von der Freiheit eines Christenmenschen verstehen, wenn Individualismus heute die Gemeinschaft aushöhlt? Wie steht es um die Verantwortung? Kann man vom ihm lernen, Risiko und Wagnisse einzugehen?

Ist Luthers wuchtiger Angriff auf die Institution Kirche, auf Klerikalismus und Machtgebaren noch aktuell? Und hat er mit seiner Kritik nicht das Kind mit dem Bade ausgeschüttet? War die Abschaffung des Mönchtums ein Fehler? Wie viel Spiritualität hat Luther den Protestanten vermacht? Sind seine Spiritualität des Berufs und seine Verweltlichung der Ehe zeitgemäß?

Es war spannend zu hören und ist nun spannend zu lesen, wie sich Anselm Grün und Nikolaus Schneider diesen Fragen zuwenden. Die unterschiedlichen konfessionellen Perspektiven, aus denen sie sprechen, machen den Reiz des Gespräches aus. Der Brückenschlag vom Mittelalter ins Heute gelingt auf inspirierende Weise. In vielen Fragen offenbaren der Mönch und der langjährige Kirchenführer große inhaltliche Nähe, es werden aber auch Grenzen deutlich, die zwischen den Konfessionen kaum zu überwinden sind. Aber so sehr sie der Wunsch nach einem gemeinsamen Zeugnis der getrennten Christen umtreibt, wollen beide keine organisatorische Einheit der Kirche als Ökumenemodell der Zukunft. Sie sprechen von »Vielfalt in der Einheit«, von einer »Ökumene der Gaben«. So lassen sich Identität der Kirchen und gegenseitige Bereicherung besser denken.

Beide sind so frei, Luthers Anfragen und Herausforderungen auch auf den Zustand der eigenen Kirchen zu beziehen. Sie fragen, wo der jeweils andere die eigene Tradition bereichert hat und wo Traditionen abgebrochen sind, die zu einer Verarmung führten.

Anselm Grün und Nikolaus Schneider liefern mit ihrem Gespräch einen verständlichen und anregenden Zugang zu Luther und zur Reformation. Es wird die Energie spürbar, die in dem reformatorischen Impuls heute noch liegt, denn die existenziellen Fragen altern nicht mit den Jahrhunderten. Luther war ein leidenschaftlicher Mensch und Gottsucher und die Gesprächspartner dieses Buches sind es ebenfalls. Die Vitalität der großen Fragen, die Luther umtrieben, wird hier für den Leser deutlich. Und die Antworten, die er gab und die Anselm Grün und Nikolaus Schneider geben, schenken auch 500 Jahre danach starke Impulse für den eigenen Glauben. Deshalb verspreche ich Ihnen eine Lektüre, die Sie informieren, inspirieren und berühren wird.

Klaus Hofmeister

Ökumenische Grunderfahrungen

Pater Anselm, erinnern Sie sich noch an Ihre erste Begegnung mit der evangelischen Konfession?

Anselm Grün

In Lochham, wo ich großgeworden bin, hatten wir einen Nachbarn, der evangelisch war. Mein Vater hat immer mit großem Respekt von ihm gesprochen. Es war zwar kein herzliches, aber ein freundlich-distanziertes Verhältnis. In der Schule hatte ich ausschließlich katholische Mitschüler, ebenso später im Internat. Richtig in Kontakt gekommen mit der anderen Konfession bin ich erst in meinem Studium. In Rom hörte ich den evangelischen Theologen Professor Völker sowie einen Vertreter der Waldenser, die beide Vorlesungen gehalten haben. Das waren sehr gute Gespräche, bei denen ich gespürt habe, dass der Unterschied nicht besonders groß ist. Während der Studienzeit habe ich auch viele Werke evangelischer Theologen gelesen, zum Beispiel von Friedrich Gogarten, Eberhard Jüngel, Gerhard Ebeling, Karl Barth und natürlich Rudolf Bultmann.

Erinnern Sie sich noch an das erste Mal, als Sie in eine evangelische Kirche eintraten?

Anselm Grün

In Lochham gab es eine evangelische Kirche, die ich auch besucht habe. Sie war nüchterner und kleiner, als ich es von katholischen Kirchen gewohnt war. Die evangelischen Kirchen in München habe ich kaum betreten, meistens waren sie damals geschlossen. Evangelische Gottesdienste erlebte ich erst später als Mönch. Die Bruderschaft von Gnadenthal in

Volkenroda hatte mich eingeladen und wir haben dort auch gemeinsam Eucharistie gefeiert.

Herr Schneider, welchen kirchlichen Hintergrund bringen Sie mit?

Nikolaus Schneider

Ich stamme aus einem unkirchlichen, im Grunde sogar atheistischen Elternhaus. Der Hintergrund meines Vaters, dessen Familie aus Lothringen kommt, war katholisch, aber seine Familie ist schon in den 20er-Jahren des letzten Jahrhunderts aus der Kirche ausgetreten. Der Hintergrund meiner Mutter war evangelisch. Sie ist bei einem Pfarrer, der zur Bekennenden Kirche gehörte, konfirmiert worden. Obwohl sie ihn in guter Erinnerung hatte, trat sie später auch aus der Kirche aus. Mein Großvater väterlicherseits arbeitete im Walzwerk, mein Vater am Hochofen. Ihre Familien waren den Gewerkschaften verbunden und zum Teil auch Mitglieder der kommunistischen Partei. Über die Kirche wurde in meiner Kindheit immer kritisch geredet. Meine Eltern kannten allerdings kirchliche Menschen, die sie sehr hoch schätzten, weil sie in der Zeit des Nationalsozialismus Widerstand oder Widerspruch geleistet und Menschen geholfen hatten. Das war meine Prägung. Ich wurde als Kind nicht getauft und hatte im Ansatz ein kritisches Verhältnis zur Institution Kirche.

Wie haben Sie damals die Katholische Kirche wahrgenommen?

Nikolaus Schneider

Dem Katholizismus »live« bin ich zum ersten Mal bei Prozessionen begegnet, mit denen die Kirche ihren Christusglauben öffentlich zeigte. Ich stand an der Straße und habe zugeschaut, wie die Menschen an mir vorüberzogen, zum Teil redend, mit Gesängen, in Andacht. Ich habe das damals nicht wirklich reflektiert, es war eher eine emotionale Sache. Aber ich weiß noch genau, wie sehr es mich beeindruckt hat, dass Menschen für ihren Glauben so in die Öffentlichkeit gingen, und das in einem Stadtteil, der eigentlich von einer unkirchlichen Arbeiterschaft geprägt war. Wenn die Gewerkschaften am ersten Mai zu Demonstrationen einluden, dann zog bei uns morgens um sechs ein Spielmannszug durch die Siedlung, und fast die gesamte Siedlung – das waren Tausende, und auch ich mit meiner Familie mittendrin – ging in geschlossener Marschkolonne nach Duisburg-Stadtmitte. Doch hier trat nun die Kirche in einer überschaubaren Zahl mit ihrem Glauben in die Öffentlichkeit.

Wie kommt ein Kind aus einem so unkirchlichen Elternhaus in Berührung mit dem Glauben und der Religion?

Nikolaus Schneider

In der Grundschule sollte ich nicht am Religionsunterricht teilnehmen, so hatten es meine Eltern entschieden. Ersatz- oder Alternativunterricht gab es nicht. Also wurde das dann gelöst, indem die Lehrerin sagte: »Setz dich hinten in die Ecke und lies ein Buch«. Das hab ich auch getan. Doch zwischendurch begann ich zuzuhören. Die Lehrerin erzählte spannende biblische Geschichten und konnte sie so vermitteln, dass für uns Kinder klar wurde: Diese Geschichten haben etwas mit dir zu tun. Schließlich legte ich mein Buch beiseite und hörte nur noch zu. Irgendwann habe ich mich dann auch am Unterricht beteiligt, weil es mich drängte, zum Gehörten Stellung zu nehmen. Nach der Grundschule wechselte ich als Einziger aus unserer Siedlung aufs Gymnasium. Mein damaliger Klassenlehrer, der Latein und evangelische Religion unterrichtete, sagte zu meiner Mutter: »Wer diese Welt verstehen will, der muss etwas von Religion verstehen. Sie sollten Ihren Sohn zum Religionsunterricht anmelden.« Er argumentierte also mit Bildung, und auf dieser Schiene waren meine Eltern ansprechbar, sodass meine Mutter schließlich sagte: »Gut. Dann soll er eben, und evangelisch wäre nicht so schlimm wie katholisch.« Diesen Kommentar habe ich noch heute im Ohr. Und so kam ich in den evangelischen Religionsunterricht.

»Evangelisch ist nicht so schlimm wie katholisch« – richtig begeistert klingt das tatsächlich nicht.

Nikolaus Schneider

Ich fand den Religionsunterricht schon interessant, aber richtig begeistert war ich zu der Zeit eher für Fußball. Der entscheidende Punkt war später der Konfirmandenunterricht. Ich war nicht getauft, habe aber trotzdem am Konfirmandenunterricht teilgenommen, weil Glaubensinhalte mich zunehmend interessierten. Was den pädagogischen Anspruch anging, war der kirchliche Unterricht damals noch sehr bescheiden. Er bestand überwiegend darin, dass auswendig gelernte Bibelverse und Lieder abgefragt wurden und man uns am Ende der Stunde die nächste Lektion zum Auswendiglernen aufgab. Doch das hat mich nicht abgeschreckt, und ich bin bis heute dankbar dafür, weil ich dadurch eine Grundkenntnis der Bibel und der Gesangbuchlieder bekommen habe, die trägt.

Dann kam der Augenblick, in dem ich im Beisein des Pfarrers mit meinen Eltern darüber gesprochen habe, dass ich mich taufen lassen wollte. Sie waren nicht gerade begeistert, aber Verbote gab es keine. Sie fanden meinen Wunsch eher merkwürdig. Sie sagten zu mir: »Wenn du es möchtest, dann mach es.« Damit war dann der Grundstein meines »evangelischen Karrierewegs« gelegt. Nach der Taufe trat ich in verschiedene Jugendgruppen ein, habe dort Freundschaften geschlossen und auch schnell Verantwortung übernommen und wurde schließlich Kindergottesdiensthelfer. Das war für mich im Rückblick der entscheidende Schritt zum Theologiestudium. Damals kamen 120 Kinder zum Kindergottesdienst und mir wurde bald die Leitung einer Gruppe übertragen. Einmal in der Woche setzten wir uns, nach einer theologisch fundierten Vorbereitung bei unserem Pfarrer, mit den biblischen Texten auseinander, die wir zu erzählen hatten. Wir stellten uns auch der Frage, welche Bedeutung die Texte heute für uns und im Besonderen für Kinder haben.

Meldete sich damals schon der Berufswunsch Pfarrer?

Nikolaus Schneider

Die endgültige Entscheidung zum Theologiestudium und zum Pfarrberuf kam erst recht spät. Ich wollte zuvor Arzt werden. Dieser Wunsch wurde von meinen Eltern sehr gestützt. Nach dem Abitur begann ich – angeregt durch ein intensives Gespräch mit meinem Gemeindepfarrer – noch einmal darüber nachzudenken, was ich wirklich wollte. Im Ergebnis habe ich mich für die Theologie entschieden. Anders als bei meiner Taufentscheidung zeigten meine Eltern jetzt doch auch ablehnende Reaktionen: Meine Mutter war so enttäuscht darüber, dass ich nun kein »Halbgott in Weiß« wurde, dass sie einige Zeit nur noch das Notwendigste mit mir sprach. Mein Vater kommentierte meine Entscheidung mit dem Satz, es sei sehr schade, dass nun auch ich das Volk betrügen würde. Obwohl beide mein Theologiestudium für einen falschen Weg hielten, haben sie mich dennoch finanziell unterstützt. Meine Mutter söhnte sich einige Jahre später mit meinem Pfarrberuf aus, trat wieder in die evangelische Kirche ein und engagierte sich in ihrer und meiner Kirchengemeinde.

Pater Anselm, Lochham war ein katholisches Milieu, Ihre Familie katholisch, große Auseinandersetzungen wurden Ihnen da wohl nicht zugemutet?

Anselm Grün

Mein Vater kommt aus Essen-Katernberg, wo er im Bergbau tätig war, allerdings im Büro. 1920 besuchte er ein Turnfest in München. Er war so vom katholischen Bayern fasziniert, dass er ohne Geld und alles nach München zog. Es hatte ihn immer sehr geärgert, dass er an Epiphanie, einem katholischen Feiertag, in Nordrhein-Westfalen arbeiten musste. In München schlug er sich erst im Baugewerbe durch, bis er schließlich ein Elektrogeschäft eröffnete.

Meine Mutter stammt aus Dahlem in der Eifel, also aus einer ganz katholischen Gegend. In die Kirche zu gehen war bei uns kein Muss, sondern eher selbstverständlich. Wir wohnten damals neben der Kirche und meine drei Brüder und ich waren Ministranten. Die Erstkommunion mit zehn Jahren war eine faszinierende Erfahrung für mich. In diesem Alter ist man schon sehr empfänglich, und ich habe die Erstkommunion ernster genommen als manch andere. Damals habe ich zum ersten Mal mit meinem Vater darüber gesprochen, ob der Beruf des Priesters nicht etwas für mich wäre. Er war sofort begeistert und hat nachgefragt, ob Weltpriester oder Ordenspriester. Sein Bruder war Benediktiner, aber ich wusste damals noch gar nicht, was ein Ordenspriester ist. Mein Vater hat sich dann gleich mit meinem Onkel in Verbindung gesetzt, und ich kam mit zehn Jahren ins Internat nach Unterfranken, in die Nähe von Münsterschwarzach. Das war anfangs nicht so einfach, da ich großes Heimweh hatte, aber die Richtung war von da an klar. Natürlich gab es in der Pubertät auch Zweifel wie auch vor dem Abitur. Ich hatte großes Interesse an der Naturwissenschaft, besonders an der Biologie. Ich besaß ein eigenes Mikroskop, das ich mir zu Weihnachten hatte schenken lassen und mit dem ich damals Pantoffeltierchen untersuchte. Doch dann interessierte mich die Mission, mein Ehrgeiz war es damals, möglichst weit weg, nach Korea, zu gehen, eine schwierige Sprache zu lernen und etwas für die Kirche zu leisten.

Als Sie beide entschieden waren, in welcher Konfession Sie Ihre Heimat finden, wie offen haben Sie damals auf die jeweils andere Konfession geblickt? Gab es ein Profilierungsbedürfnis in dem Milieu, in dem Sie standen, oder fielen Ihnen die »Andersgläubigen« eigentlich gar nicht auf?

Anselm Grün

Als Kind war die andere Konfession weder ein Gegensatz noch ein Thema. Als wir im Religionsunterricht am Gymnasium die Reformation behandelten, war es uns natürlich schon wichtig zu beweisen, dass wir Recht hatten. Zwar wurde die Praxis des Ablasshandels zu Luthers Zeiten schon auch kritisch gesehen, aber ansonsten war die Grundtendenz mehr apologetisch, auf die Verteidigung des Katholischen ausgerichtet.

Im Theologiestudium war ich dann sehr offen und interessiert an der evangelischen Theologie. Mein Doktorvater Magnus Löhrer kam aus der Schweiz. Dort ist man sowieso etwas liberaler. Löhrer hat damals Karl Barth bei seinem Rombesuch geführt und wie Barth die Vorliebe gehabt, vor Beginn seiner Arbeit immer eine Mozartplatte zu hören. 1967, nach dem Zweiten Vatikanischen Konzil, gab es eine große Offenheit gegenüber evangelischer Theologie. Meine Lizentiatsarbeit habe ich über den evangelischen Theologen Paul Tillich geschrieben und wollte ihn auch zum Thema meiner Promotion machen, doch dann hat Magnus Löhrer herausgefunden, dass bei Küng schon jemand über Tillich arbeitet und es sich deshalb nicht lohnen würde. Ich habe dann zunächst die liberale evangelische Theologie wie zum Beispiel Albrecht Ritschl gelesen, aber das war mir dann doch etwas zu abstrakt, und schließlich bin ich auf den katholischen Theologen Karl Rahner gekommen. In meiner Promotion habe ich den Ansatz von Rahner mit den evangelischen Ansätzen von Tillich und Jürgen Moltmann verglichen, der auch über das Kreuz geschrieben hat. Während meiner Zeit in Rom war da also immer eine große Offenheit. Zum Beispiel habe ich die Schwestern der evangelischen Communität vom Schwanberg durch die Stadt geführt, als sie einmal in Rom waren.

Können Sie sich noch erinnern, was Sie damals aus theologischer Sicht an der anderen Konfession am meisten neugierig gemacht hat?

Anselm Grün

Damals ist mir die evangelische Theologie radikaler vorgekommen. Im Vergleich dazu erschien mir die katholische etwas bieder. Später, als ich für meine Doktorarbeit noch einmal Gogarten gelesen habe, habe ich gemerkt, dass mir das zu verkopft ist. Am Anfang war da also die Faszination des Radikaleren, doch dann hatte ich gerade bei Friedrich Gogarten irgendwann das Gefühl, dass es mir da zu wenig Boden unter den Füßen gab.

Herr Schneider, wie war das bei Ihnen, als Sie entschieden evangelisch wurden? Wie blickten Sie auf die Katholiken, wie erschienen
sie in Ihrem Weltbild damals? Kamen Sie überhaupt vor?

Nikolaus Schneider

Zwei Elemente waren für meinen Umgang mit Menschen katholischen
Glaubens von Beginn an prägend: Zum einen die Erfahrung, dass ein
engagierter christlicher Glaube mehr Verbindendes hat als die konfessionelle Beheimatung Trennendes. Zum anderen die zunehmende Vergewisserung, dass die evangelische Kirche die für mich richtige und passende
religiöse Beheimatung ist. In der Oberstufe des Gymnasiums war ich mit
einem Mitschüler, Heinz-Jürgen Görtz, gut befreundet, der sehr bewusst
katholisch war und später Theologieprofessor wurde. Wir galten in der
Klasse als diejenigen, die sich für religiöse Fragen interessierten und die
ganz offen für ihre jeweilige Kirche eintraten. Das hat uns einander sehr
nahe gebracht. Wir haben bis heute Kontakt. Daneben hatte für mich
mein Interesse an Glaubensfragen in diesen Jahren ganz wesentlich mit
meiner Identitätsbildung zu tun, also in einem Stadium, in dem der Kopf
schon eine ganz entscheidende Rolle spielt. Bei der Identitätsbildung geht
es auch immer um die Fragen: Wofür stehe ich? und Was will ich auf
gar keinen Fall? Als wir dann im Religionsunterricht die Reformation
durchgenommen haben, wurde mir klar, dass ich bestimmte Eigenhei-
ten der katholischen Kirche für mich niemals anerkennen wollte. Etwa
den Machtanspruch, der mit dem päpstlichen Amt verbunden ist. Den
päpstlichen Macht- und Unterwerfungsanspruch fand ich unerträglich.
Es hat bis ins Studium hinein gedauert, ehe ich mein absolut negatives
Bild des Papsttums korrigiert habe. Die Päpste waren für mich bis dahin
unterschiedslos unaufrichtig: Sie redeten von Glaube und Kirche, aber
meinten Macht und Staat. Sie lebten nicht die Moral, die sie predigten
und von den Gläubigen forderten. Dies kam dann zusammen mit dem
»Sturm und Drang«, den man in der Jugend durchlebt – eine Zeit, in der
es auch darum geht, sich von überlieferten Moralvorstellungen zu befrei-
en. Hier habe ich nicht zuletzt die Sexualethik der katholischen Kirche
als sehr eng empfunden.

Noch zu Beginn meines Theologiestudiums bestimmte mich das Pathos: »Martin Luther hat gegen Kaiser und Papst die Freiheit des Glaubens gerettet. Wir Protestanten sind deshalb diejenigen, die im Blick auf alle theologischen Disziplinen wissenschaftlich und ergebnisoffen arbeiten können. Uns geben kein Papst und keine kirchliche Tradition vor, zu welchen Ergebnissen wir zu kommen haben. Bei uns gibt es ein freies Denken und einen freien Glauben, die dem Evangelium, also der frohen und befreienden Botschaft der Bibel, entsprechen.« Dieses protestantische Pathos änderte sich erst, als ich im Studium auch katholische Theologie anders als vermutet kennengelernt und die Schattenseiten der Reformation sowie dunkle Seiten Martin Luthers und seiner Theologie wahrgenommen habe. Ich sah dann manches, wo auch die Reformation ihren eigenen Ansprüchen nicht gerecht wurde. Zwar bekannten die Protestanten: »Nur das Wort gilt und nicht die Gewalt. Nur durch das Wort wollen wir die Menschen überzeugen, nicht durch Gewalt«. Doch die Geschichte zeigt, dass es durchaus auch anders gelaufen ist. Trotz all der Verfolgung, die Protestanten erlitten haben, haben auch sie Gewalt ausgeübt.

Pater Anselm, gab es damals Punkte, die Sie bei den Protestanten auf keinen Fall akzeptieren konnten, die Sie auch mit so einer Entschiedenheit ablehnten, wie wir das gerade bei Herrn Schneider erlebt haben? Und war das Papsttum mit seinem Machtanspruch für den jungen Bruder Anselm nicht auch anstößig?

Anselm Grün

Damals kannte ich die evangelische Theologie noch nicht so gut, dass ich hätte sagen können, dieses oder jenes muss man ablehnen. Was ich aber immer spürte, war der Schmerz über die Spaltung und darüber, dass es doch auch anders hätte sein können. Pater Cassius, unser Kirchengeschichtsprofessor in Rom, hatte es sich zum Hobby gemacht, die Skandale der römischen Päpste breit darzulegen. Wenn ich die Vorlesungen hörte, war mir schon klar, dass es da auch viel Dunkles gibt. Als Kind faszinierte mich Papst Pius XII., allerdings hatte auch der seine Schattenseiten, er war noch sehr autoritär. Johannes XXIII. fand ich auch faszinierend, mit ihm kam ein anderer Wind auf und das Papsttum wurde aufgelockert. Natürlich stehe ich diesem Verstecken hinter der Macht, das bei den letzten beiden Päpsten Johannes Paul II. und Benedikt XVI. wieder spürbar war, sehr kritisch gegenüber. Aber ich sehe es auch als eine Chance, wenn ein Sprecher der Christenheit da ist, der wie der jetzige Papst spirituell ist und für die Kirche sprechen kann. Mit der Dogmatik habe ich nie Probleme gehabt, weil für mich Dogmatik die Kunst ist, das Geheimnis offenzuhalten. Hier geht es nicht um Rechthaberei, sondern um eine Sprache, die das Geheimnis schützt, und das war natürlich auch im Studium wichtig. Als Abiturient wollte ich immer sofort beweisen, dass das Katholische richtig ist und das Evangelische verkehrt und dass Luther zu liberal war. Uns war damals zwar schon allen klar, dass die Reformation und die Kritik am Papsttum notwendig waren, aber trotzdem stand da immer noch das Apologetische im Vordergrund.

Eine spannende Entwicklung, die Sie genommen haben, Pater Anselm, vom Rechthabenwollen hin zu ihrer doch sehr intensiven Beschäftigung mit evangelischer Theologie. Gab es einen bestimmten Punkt, der Sie besonders reizte an den evangelischen Theologen?

Anselm Grün

Erst einmal haben mich natürlich die Exegeten gereizt, die katholische Kirche war ein wenig hinten dran mit der historisch-kritischen Exegese. Ich habe damals Rudolf Bultmann, Oscar Cullmann und die ganzen Kommentare der evangelischen Theologen gelesen. Für mich waren das einfach Informationen, wie man auch anders denken kann, freier denken kann. Das hat mich fasziniert wie auch ihre Neuformulierung des Glaubens. Paul Tillich ist nicht der typische evangelische Theologe, er steht mir eigentlich sehr nahe, weil auch er Theologie, Psychologie und Philosophie zusammenbringt. Später hat mich dann an den evangelischen Theologen gestört, dass der Dialog mit der Philosophie und mit der Psychologie nicht sehr ausgeprägt war. Wenn Philosophie, dann wurde immer nur Immanuel Kant zu Rate gezogen, und als Bayer kann ich den Kant nicht vertragen. Er ist mir zu verkopft und zu moralisierend. Die platonische Philosophie oder Aristoteles waren mir immer näher.

Gehen wir einen Schritt weiter und sprechen wir über erste prägende ökumenische Erfahrungen. Herr Schneider, Sie haben schon von Ihrem katholischen Mitschüler erzählt. Wo gab es weitere Berührungen mit Katholiken, die Sie in ihrer ökumenischen Haltung prägten?

Nikolaus Schneider

Weitere Berührungspunkte gab es für mich durch mein Engagement in der evangelischen Studierendengemeinde Wuppertals. Wir hatten Kontakt zu katholischen Studierendengemeinden und stellten große Schnittmengen fest in dem, was uns theologisch und politisch umtrieb. Ich habe im Sommersemester 1967 mit dem Studium begonnen. Das war eine Zeit des großen Aufbruchs. Zu diesem Aufbruch der sogenannten »68er« gehörte, dass Christentum und Kirchen fragwürdig und infrage gestellt wurden. Sich offen zu ihrem Glauben bekennende Studenten wurden häufig kritisch und oft auch unfair angegangen. Hier waren Gemeinschaft und Gemeinsames zwischen den beiden Hochschulgemeinden wirklich spürbar und tragend. Das half uns dann, in vielen Debatten über unsere als reaktionär verurteilten Kirchen bestehen zu können. Ich habe damals also die für mich bis heute prägende Erfahrung gemacht, dass katholische und evangelische Christen aus einer tiefen Verbundenheit im Glauben heraus zu vielen Themen gemeinsam sprechen und gemeinsam auftreten können. Und dass es bei massiver Infragestellung von außen hilfreich und notwendig ist, zusammenzustehen.

Haben Sie im Studium katholische Theologen gelesen?

Nikolaus Schneider

Im Studium habe ich mich durchaus auch mit katholischer Theologie beschäftigt. Karl Rahner etwa spielte eine wichtige Rolle für mich. Und es gab zu meinem großen Erstaunen auch katholische Exegeten, die ich wirklich mit großer Begeisterung gelesen habe. Der Neutestamentler Rudolf Schnackenburg hat zum Beispiel einen Römerbrief-Kommentar geschrieben, den ich wirklich sehr gut fand. Karl Rahner habe ich in Münster gehört. Das war wirklich ein großartiges Erlebnis, wie er so völlig frei eine Vorlesung halten konnte: gestochen formuliert, im Rahmen der Zeit, mit klarem Aufbau, ohne inhaltlich durcheinanderzugeraten. Meine Examensarbeit habe ich über Justin den Märtyrer aus dem zweiten Jahrhundert geschrieben. Ich habe mich also auch mit den Kirchenvätern intensiv auseinandergesetzt, die zu unserem gemeinsamen Erbe gehören.

Zu intensiven Begegnungen mit Katholiken kam es dann im Vikariat und im Pfarramt. Ich war Gastvikar der Rheinischen Kirche im westfälischen Münster. Dort gab es ein richtig gutes ökumenisches Miteinander mit der katholischen Nachbargemeinde und ich plante, gestaltete und feierte meine ersten ökumenischen Gottesdienste. Diese positiven ökumenischen Erfahrungen setzten sich dann in Duisburg-Rheinhausen fort, wo ich meine erste Pfarrstelle antrat. Ich hatte ein vertrauensvolles und freundschaftliches Verhältnis zu Pfarrern und Kaplänen der katholischen Nachbargemeinden. Damals gab es in Rheinhausen die ersten Auseinandersetzung um den Erhalt des Krupp'schen Hüttenwerkes, und in unserem Engagement für die »kleinen Leute«, die Angst um ihre Arbeitsstellen hatten, passte wirklich kein Blatt zwischen uns. Es war ein menschlich und theologisch wunderbares Miteinander. In unserer ökumenischen Zusammenarbeit haben wir Evangelische auch das Hoheitsgebiet »Predigt« abgetreten, das man gemeinhin als evangelische Spezialität erachtet. So hat der katholische Pfarrer in dem großen ökumenischen Walzwerksgottesdienst eine kirchennahe wie kirchenferne Menschen ansprechende und im Wortsinn »Geist-reiche« Predigt gehalten. Manche seine Sätzen sind mir heute – nach dreißig Jahren – noch präsent. Etwa: »Die Villa auf dem Hügel kann nur in Ruhe leben, wenn auch die Hütte im Tal in Ruhe leben kann. Sonst werden beide brennen.« In dieser Zeit des Rheinhauser Arbeitskampfes, der von unseren beiden Ortskirchen begleitet wurde, besuchte uns der damalige Bischof von Münster, Reinhard Lettmann. Man merkte, wie sehr sein Besuch die Gemeinden gestärkt hat. Er unterschied nicht zwischen evangelisch und katholisch. Meine eigene Kirchenleitung war zunächst etwas zurückhaltender, hat aber dann doch deutlich zu unserem Engagement gestanden. Die Konfession spielte also in meiner Pfarramtszeit in Rheinhausen eine ziemlich zurückgenommene Rolle. Allerdings blieben die Unterschiede im Amtsverständnis, und wir konnten trotz »Kanzeltausch« und vieler gemeinsamer Veranstaltungen nicht zusammen Abendmahl feiern, was uns durchaus wehtat. Es gab auch Punkte, bei denen ich merkte: Ein katholischer Priester hat – oder nimmt sich – in seiner Kirche eine größere Freiheit als ich in meiner. Wir hatten damals so einen Club von »Halbverrückten«, die hatte sich in ihrer Freizeit eine Ranch aufgebaut, wo Erwachsene miteinander Indianer und Cowboys spielten. Sie hatten dort auch eine Kirche errichtet. Irgendwann kamen sie und wollten in dieser Kirche einen ökumenischen Traugottesdienst haben, ein konfessionsverschiedenes Paar sollte dort getraut werden. Und ich als junger Pfarrer sagte: »Das geht doch gar nicht, man kann doch in dieser Kirche keinen Gottesdienst abhalten«. Aber mein katholischer Kollege widersprach: »Hör mal, natürlich machen wir das. Bedenke, was dort geleistet wird zur Integration dieser Menschen.« Ich kam ins Nachdenken und fragte nur noch: »Und was schreibst du ins Kirchenbuch?«, und er sagte: »Ist doch klar, ich Sankt Peter und du Erlöser.« Das waren damals unsere Gemeindenamen. Das rechte Maß von Freiheit und Bindung im Blick auf unsere Kirchenordnung habe ich also von meinem katholischen Kollegen gelernt. Ich lernte von ihm, Kirchenordnung als einen Solidaritätsrahmen zu verstehen, mit dessen Hilfe ich mit anderen in Gemeinschaft leben kann. Nichts anderes will eine Ordnung. Sie soll nicht herrschen, sondern sie soll Gemeinschaft ermöglichen.

Das vertrauensvolle Miteinander mit den katholischen Pfarrern habe ich in meiner gesamten Zeit als Gemeindepfarrer, als Diakoniepfarrer und als Superintendent als große Bereicherung erlebt. Es war über die Arbeitsebene hinaus zumeist auch ein herzliches, freundschaftliches Verhältnis, das bis heute trägt. Erst als ich ins Landeskirchenamt kam und Präses wurde, also auf die Ebene der Bischöfe, wurde manches schwieriger. Aber nach meiner Erfahrung gilt auch hier: Das Verhältnis zwischen den leitenden Geistlichen, zwischen den evangelischen und katholischen Bischöfen, ist sachlich und menschlich sehr viel besser, als es gelegentlich nach außen erscheint.

Pater Anselm, Sie haben die meiste Zeit Ihres Lebens in einem homogenen konfessionellen Milieu gelebt, zumindest im Kloster gibt es keine Evangelischen, oder?

Anselm Grün

Doch, zu uns kommen sehr viele evangelische Christen. Schon in den 1960er-Jahren saß immer ein Pfarrer aus Hamburg im Chorgestühl, wie auch ein evangelischer Bischof aus Norwegen. Sie nahmen an der Eucharistie teil, das war zwar nicht offiziell, aber wir haben es einfach gemacht. Auch der damalige Abt zeigte sich damit völlig einverstanden, obwohl er eher zurückhaltend war. Später habe ich im Gästehaus mit vielen evangelischen Pfarrern zu tun gehabt, und aus diesen Begegnungen sind echte Freundschaften entstanden. Dem Regionalbischof von Reutlingen und seiner Familie bin ich freundschaftlich verbunden. Mit den Schwanbergschwestern von der Communität Casteller Ring pflegen wir ein geschwisterliches Verhältnis, bei dem es überhaupt nicht um Profilierung geht, sondern ganz einfach um Hinhören: Was bewegt sie, was bewegt uns, wo ergänzen wir uns?

Waren diese Jahre nach dem Konzil mit den positiven Erfahrungen eine Zeit des Aufbruchs in den beiden Konfessionen?

Anselm Grün

Nach dem Konzil gab es sicherlich einen Aufbruch. Unter Papst Johannes Paul II. gab es dann wieder einen Rückschritt. Er hatte sicher seine Bedeutung für den Osten, für den Aufbruch in Polen und Tschechien, aber innerkirchlich war er doch sehr restriktiv. Das war für uns eher lähmend, auch die deutschen Bischöfe, vor allem Kardinal Lehmann, haben sich sehr verletzt gefühlt durch dieses autoritäre Auftreten. In jener Zeit stand wieder die Macht im Vordergrund und nicht das Hinhören. Es wurde wieder auf negative Weise Macht ausgeübt. Papst Benedikt XVI. ist als Theologe gut, er hat eine gute Sprache, was Liturgie und dogmatische Fragen betrifft, aber sobald es um Regeln geht und um Moral, kommt seine ängstliche Seite zum Vorschein. In dieser Hinsicht war er auch sehr restriktiv und es war keine Diskussion mehr möglich.

1972 habe ich auf dem Schwanberg bei den evangelischen Schwestern die Osterpredigt gehalten. Es war damals für mich auch überhaupt kein Problem, zur Kommunion zu gehen. Vor sechs Jahren habe ich dort wieder die Predigt gehalten, dieses Mal habe ich aber nicht an der Kommunion teilgenommen, weil es zu viel Wirbel hervorgerufen hätte. Als ich dieses Jahr zum Schwanbergtag eingeladen wurde, hat mich die Pfarrerin vorher gefragt, wie ich es mir vorstelle, und ich habe ihr geantwortet, dass wir gerne gemeinsam am Altar stehen und die Einsetzungsworte und Gebete sprechen können. Wir haben das nicht getan, damit es morgen in der Zeitung steht, wir haben es einfach getan, ohne es groß anzukündigen. Man darf die Eucharistie nicht zu einer Protestveranstaltung machen. Zu diesem Zeitpunkt war es einfach stimmig. Der alte evangelische Pfarrer Johannes Halkenhäuser hat anschließend gesagt, seit vierzig Jahren hätte er darauf gewartet, für uns war es aber einfach nur selbstverständlich. Allerdings würde ich die gemeinsame Eucharistiefeier wie gesagt nicht in die Zeitung setzen, weil sie dann zur Protestveranstaltung werden würde.

Nikolaus Schneider

Das kann ich gut nachempfinden. Ich habe als Pfarrer in den Gemeinden, in denen ich Dienst tat, immer wieder mit katholischen Christinnen und Christen gemeinsam Eucharistie gefeiert, sowohl in evangelischen wie auch in katholischen Kirchen. Es ergab sich aus dem jeweiligen Miteinander heraus. Die erlebte und gelebte Nähe miteinander und mit Christus hat es gleichsam erfordert, dass wir auch gemeinsam Abendmahl feiern.

Unsere jüngste Tochter hat sich sehr stark in der Jugendarbeit unserer katholischen Partnergemeinde engagiert. Dort gab es einen tollen Kaplan, der für sie persönlich und geistlich sehr wichtig wurde. Auch wir lernten ihn kennen und schätzen. Er kam zu ihrer Konfirmation und hat mit ihr und mit uns Abendmahl gefeiert. Und das empfand unsere Tochter und empfanden wir als ein großes Geschenk.

Ich sehe das genau wie Pater Anselm: Im geschützten Raum ist die gemeinsame Abendmahl-Eucharistie-Feier auch ohne kirchenrechtliche Grundlage möglich. Ich finde ebenso, man sollte das gemeinsame Abendmahl nicht zu Demonstrationszwecken missbrauchen. Wobei ich in meiner Amtszeit als leitender Geistlicher auch schon uneindeutige Momente erlebt habe. Besonders ist mir eine Situation während meiner Zeit als rheinischer Präses im Gedächtnis geblieben. Ich nahm an der Einführung eines katholischen Bischofs teil. Dabei gab es zwei bemerkenswerte Momente. Moment eins: Ich war eingeladen in den Dom, wir nahmen Aufstellung zur Prozession, und da war ein Zeremoniar, dem es auf konfessionelle Unterschiede ankam: ganz vorne das Kreuz, dann die ganzen Laien, dann der »niedere« Klerus: Priester, evangelische Pfarrer und der evangelische Präses. Als ich an der ganzen Korona der katholischen Bischöfe vorbeiging und auf die Höhe des Bischofs von Münster kam, hielt er mich fest und sagte: »Bruder Schneider, Sie gehen mit mir.« Das habe ich dann auch gemacht, der Zeremoniar war still. Es war eine wunderbare ökumenische Erfahrung. Moment zwei: Während dieses Gottesdienstes wurde Eucharistie gefeiert. Ich saß jetzt neben Bischof Lettmann und als bei der Austeilung die Reihe an mich kam, war ich unsicher, was nun geschehen würde. Der austeilende Priester schaute mich richtig traurig an und gab mir die Hostie nicht. Ich muss sagen, in diesem Moment war auch ich sehr traurig, dass ich mit Bischof Lettmann keine Mahlgemeinschaft feiern konnte. Die Wunde der Trennung am Tisch des gemeinsamen Herrn Christus schmerzt wirklich, das ist nicht nur ein theoretischer Satz, sondern ganz existenziell empfunden.

Anselm Grün

Wenn ich Kurse gebe in unserem Gästehaus in Münsterschwarzach, lade ich immer alle ausdrücklich ein, zur Kommunion zu gehen, weil manche evangelische Christen sich nicht trauen, aber wenn ich sie einlade, kommen sie gerne. Natürlich würde ich es in der Abteikirche nicht verkünden, hier gehe ich davon aus, dass es einfach getan wird. In der evangelischen Kommunität in Gnadenthal habe ich zum 70. Geburtstag von Andreas Felger die Eucharistie gefeiert und als mich der Prior vorher fragte, wie wir es machen, meinte ich: »Wir sagen gar nichts, die Leute kommen von alleine.« Es waren mehr Evangelische anwesend und sie sind einfach zur Kommunion gegangen.

Nikolaus Schneider

Ich habe bei Abendmahlsgottesdiensten den Leuten immer deutlich gesagt:
»Nach unserem Verständnis sind alle getauften Christen, die das Bedürfnis haben, zum Abendmahl zu kommen, auch eingeladen. Wir machen
das nicht fest an den Grenzen der Konfession.« Beim Kirchentag 2007
in Köln hatte ich dazu eine denkwürdige Erfahrung. Kardinal Meisner
beeindruckte mich im Vorfeld, dass er sich damals persönlich um ökumenische Gastfreundschaft bemühte. Wir hatten ein Gespräch, in dem
er sagte: »Herr Präses, wenn Sie Kirchen brauchen, wenn Sie Gemeinde-
häuser brauchen, wir stehen selbstverständlich zur Verfügung. Wenn Sie
mich einladen zum Eröffnungsgottesdienst und zum Schlussgottesdienst,
komme ich gerne.« Wir haben dann übrigens sogar eine ökumenische Bi-
belarbeit miteinander gehalten. Nun ergab sich aber folgendes Problem:
Beim Schlussgottesdienst des Kirchentags wird Abendmahl gefeiert, und
das wurde dem Kardinal erst später deutlich. Er rief mich an und fragte,
ob ich im Gottesdienst nicht sagen könne, dass die Katholiken bitte nicht
zum Abendmahl gehen sollen. Das Problem hat ihn umgetrieben und ich
habe ihn damit ernst genommen. Aber ich musste ihm antworten: »Bruder Meisner, das kann ich nicht sagen, das ist gegen meine theologische
Überzeugung, das geht nicht.« Wir haben mehrere Male darüber geredet
und unsere Positionen haben sich nicht verändert. Dann hat Kardinal
Meisner etwas sehr Weises getan: Er rief mich kurz vorher an und sagte,
er könne leider nicht zum Abschlussgottesdienst kommen. Er hat also darauf verzichtet, ordnend einzugreifen. Das rechne ich ihm ganz hoch an.

**Sie beschreiben beide, dass ökumenisch in der Begegnung mit
Menschen viel möglich ist, Sie spüren auch den Schmerz über die
Grenzen der Gemeinschaft. Müsste nicht eine Debatte angestoßen
werden, damit es irgendwann möglich ist, offen und auch öffentlich
gemeinsam Eucharistie zu feiern?**

Anselm Grün

Hier geht es um das Thema Gastfreundschaft. Und ich denke, man muss
nicht unbedingt genau das gleiche Verständnis von Gastfreundschaft ha-

ben. Manche evangelischen Kirchen bieten ein Feierabendmahl an, da hätte ich zum Beispiel von meinem Inneren her Hemmungen, teilzunehmen. In einem lutherischen Gottesdienst oder am Schwanberg habe ich überhaupt keine Hemmungen, weil ich den Glauben spüre. Sie haben vielleicht theologisch ein wenig eine andere Deutung, aber das ist immer Geheimnis, unsere Deutungen sind immer nur ein Hinweis. Was mir allerdings sehr am Herzen liegt, ist diese Ehrfurcht vor dem Geheimnis der Eucharistie. Wenn Ehrfurcht dabei ist, gehe ich gerne zur Eucharistie. Wenn ich aber das Gefühl habe, da wird etwas zu banal, dann habe ich von meinem Gefühl her Hemmungen. Meiner Ansicht nach geht es um Achtung, um Ehrfurcht vor dem Anderen. Die Theologen haben viele Deutungen dafür erarbeitet, was beim Abendmahl geschieht: Sie sprechen von Gedächtnis, Konsubstantiation, Transsubstantiation und Symbolik, und dann weiß man um die Relativität all dieser Begriffe. Alle Theologen sind sich darüber klar, dass es ein Geheimnis ist. Jesus ist präsent in diesem Brot. Wenn dieses Verständnis da ist, ist auch ein gemeinsames Mahl möglich, und da soll man einander einfach einladen. Aber dass der katholische Pfarrer die Eucharistie etwas anders feiert als der evangelische, darf auch sein, es muss nicht zur Einheitsfeier werden.

Nikolaus Schneider

Das sehe ich ähnlich. Wir Protestanten haben auch innerhalb unserer Konfession unterschiedliche Auffassungen darüber, wie die Präsenz Christi beim Abendmahl zu verstehen ist. Man kann die Präsenz Christi nicht naturwissenschaftlich untersuchen, keine Experimente durchführen und keine Formeln aufstellen. Die Präsenz Christi ist wirklich ein Geheimnis. Unsere Worte nähern sich diesem Geheimnis an, können die Präsenz Christi aber weder herbeizwingen noch verhindern. Selbst diejenigen im evangelischen Bereich, die die Elemente rein symbolisch verstehen, sagen und glauben: »Christus ist gegenwärtig.«

Es gibt eine liturgische Lässigkeit, die eine Missachtung der Glaubensinhalte signalisiert. Diese Lässigkeit ist in der Tat ein richtiges Hindernis für eine ökumenische Mahlgemeinschaft. In dieser Hinsicht haben wir Evangelischen aber in den letzten Jahren nachgelernt, nicht zuletzt durch unsere Abendmahlgemeinschaft mit den Altkatholiken. Ihr damaliger

Bischof Vobbe empörte sich einmal mir gegenüber: »Wie ihr mit den Elementen umgeht, geht mir gegen den Strich. Das könnt ihr doch so nicht machen.« Das habe ich ernst genommen, und wir begannen daran zu arbeiten. Die Liturgie wurde ein gewichtiges Thema bei uns, also die Frage: Was heißt es für unsere gottesdienstliche Haltung, wenn wir wirklich glauben, dass Christus und in ihm Gott gegenwärtig ist? Was bedeutet es für unser liturgisches Auftreten beim Abendmahl? Ich denke, das entscheidende Hindernis im Blick auf eine offizielle Eucharistiegemeinschaft liegt in dem, was Kardinal Ratzinger theologisch-systematisch über das Amt geschrieben hat. In »Ecclesia de Eucharistia« hat er hervorgehoben, dass nur der geweihte Priester in der Lage sei, Abendmahl im eigentlichen Sinne zu feiern. Das ist für mich der eigentliche Konfliktpunkt, und damit komme ich nicht zurecht.

Anselm Grün

Die katholischen Theologen Rahner und Fries hatten da eine ganz andere Meinung, weil auch der evangelische Pfarrer im Namen der Kirche ordiniert ist. Natürlich hat die katholische Kirche immer an der Sukzession festgehalten, also der stetigen Weitergabe des Sendungsauftrages der Apostel und deren Nachfolger bis in die Gegenwart. Aber auch Karl Rahner ist sich darüber im Klaren, weil die rein biologische Lückenlosigkeit der Sukzession vielleicht gar nicht nachzuweisen ist, dass es auf die Kontinuität des Glaubens ankommt.

Schwierig finde ich dieses Beispiel aus Hamburg. Dort hat ein evangelischer Pfarrer erzählt, dass er sich davon verabschiedet habe zu sagen: »Das ist mein Leib, das ist mein Blut«, sondern sage: »Brot vom Himmel und Wein zur Freude des Menschen.« Er wollte sich verabschieden von der Sühnetheologie, womit ich vollkommen einverstanden bin, allerdings sind mir die Worte heilig. In dieser Hinsicht bin ich konservativ, ich könnte die Worte der Einsetzung bei der Eucharistie nicht einfach frei sagen. Wie ich sie dann deute, ist eine andere Frage. Aber die Worte sind auch etwas Heiliges, da bin ich ganz bei der Bibel, also dass man an den biblischen Worten festhalten soll und sie nicht zu sehr variieren darf.

Das Verhalten des Pfarrers in Ihrem Beispiel finde ich im Grunde ge-
meinschaftsschädigend und auch hochmütig. Ich glaube, dass heute auf
evangelischer Seite wieder deutlicher verstanden wird, inwieweit wir durch
bestimmte tradierte Formen, durch bestimmte tradierte Worte in der
Gemeinschaft bleiben. Gemeinschaft ist nicht nur die je aktuelle – die
braucht übrigens auch feste Formen und Riten – sondern Gemeinschaft
ist auch immer die Gemeinschaft mit denjenigen, die vor uns im Glauben waren. Kirche trägt das Evangelium im Wort, im Sakrament und in
der Gemeinschaft der Gläubigen durch die Zeit. Das müssen wir gerade
in kirchlichen Ämtern in einer Weise tun, die nun auch diese Kontinuität repräsentiert, begründet und ermöglicht.

Anselm Grün

Ich habe keine Probleme mit dem Amt, der evangelische Pfarrer und die
Prädikanten, die als Ehrenamtliche Abendmahl halten. Sie handeln im
Auftrag der Kirche. Aber etwas sauer aufgestoßen ist mir, als mir ein evangelischer Pfarrer, den ich im Recollectio-Haus begleitet habe, erzählt hat,
dass es in seiner Abwesenheit einfach eine Frau übernommen hätte, die
keinen Auftrag hatte. Ihm war das auch nicht recht, aber ich spüre dann
bei mir die Tendenz, dass mir das Amt wichtig ist. Natürlich gibt es die
Begründung, dass jeder Christ auch Priester ist, aber es braucht meiner
Meinung nach doch auch den Auftrag der Kirche.

Nikolaus Schneider

Aber, Pater Anselm, es ist doch theologisch auch für Sie vermutlich möglich, dass Christus durch diese Frau gegenwärtig wird.

Anselm Grün

Ja, theologisch schon, aber für sie war das dann auch eine Machtfrage.

Nikolaus Schneider

Da haben Sie Recht, Wortverkündigung und Sakramentsverwaltung sollten nicht als Machtfragen verstanden und missbraucht werden. Die rhei-
nische Kirche ordiniert Prädikanten, sodass sie dann den Auftrag von der

Kirche zur Wortverkündigung und zur Sakramentsverwaltung haben. Das öffnet in unserer Kirche geordnete Räume für das »Priestertum aller Gläubigen«. Aber ein unbefugtes Betreten dieser Räume können wir auch damit nicht verhindern.

Lutherbilder

Pater Anselm, Sie waren in Kindheit und Jugend tief eingebunden in ein katholisches Milieu, später haben Sie sich intensiv mit evangelischer Theologie beschäftigt. Welches Bild des Reformators Martin Luther haben Sie heute?

Anselm Grün

Martin Luther hat sicher sehr persönlich gerungen um die Frage: Wie kann ich an Gott glauben oder wie kann ich gerechtfertigt werden? Er ist sehr ängstlich erzogen worden, durch eine ängstliche Theologie vom Bösen, von der Sünde und so weiter. Ich sehe seinen Durchbruch als Befreiung, vor allem auch vom Ablasswesen, das damals wirklich ein Machtmissbrauch war, indem die Theologie materialisiert wurde und man magische Elemente mit hineingenommen hatte.

Ich habe jetzt die Bücher des Tübinger Kirchenhistorikers Volker Leppin über Luther gelesen, die mich sehr berührt haben. Er schreibt, dass Luther am Anfang eigentlich gar nicht so radikal war, sondern der mystischen Tradition nahestand, also Johannes Tauler, Bernhard von Clairvaux, Johann von Staupitz. Dann hat er die »Theologia Deutsch« herausgegeben. Es war also die verinnerlichte Theologie, in der ich ganz und gar mit ihm einverstanden bin, gegen dieses Veräußerlichte, das es heute in manchen Bereichen noch gibt, was sicher nicht der katholischen Theologie entspricht.

Faszinierend an ihm finde ich seine Konsequenz und seine Sprache, wie er die Schrift auslegt, die Psalmen, das Magnificat. Seine Sprachgewalt ist beeindruckend wie auch seine Lieder. Mir tut weh, wenn er ausfällig wird gegen den Papst als Antichristen, aber das war anscheinend sein Charakter. Auch bei Erasmus von Rotterdam, mit dem er befreundet war, zeigt sich das. Erasmus war für ihn der Teufel. Hier sehe ich meine Toleranzgrenzen Luther gegenüber.

Luther war von seiner Psyche her sicherlich nicht ganz einfach und hatte wohl auch immer wieder depressive Phasen. Das Polternde an ihm, die Fäkalsprache, die er manchmal benutzt tun mir weh. Aber viele Aussprüche von ihm finde ich toll.

Schade finde ich,– das ist nicht allein Luthers Schuld, sondern auch die der Reaktionen der Kirche damals –, dass seine Diskussion mit Johannes Eck recht bald nicht mehr auf der theologischen Ebene ablief, sondern auf der Machtebene. Von da an ist alles schiefgelaufen: Luther hat sich versteift und die katholische Kirche hat sich versteift. Papst Hadrian VI. hätte es noch einmal hinbekommen, ist aber nach einem Jahr leider gestorben, und dann ging es wieder um die Machtfrage. Natürlich war es nicht nur Luther allein, sondern die ganze Situation, die zur Eskalation beitrug: der Gegensatz Deutschland – Rom, die Gängelung der Fürsten durch Rom und den Kaiser. Es gärte in der Gesellschaft, und Luther hat dies einfach aufgegriffen. Mir tut leid, dass politisch dann alles vermischt worden ist.

Ich denke, theologisch könnte ich mit Luther sicher gut diskutieren. Vom Charakter her bin ich sicher etwas optimistischer als er, der manchmal pessimistisch ist, auch in seinem Menschenbild. Aber Luther hat beides: das pessimistische Menschenbild, und dann auch wieder das Vertrauen auf die Gnade. Das ist der Gegenpol, diese Spannung finde ich gut. Wenn er von Gnade spricht, von Glaube, spüre ich, dass ich eins mit ihm bin. Ich glaube, wenn wir heute theologisch diskutieren würden, ohne das Thema Macht zu berühren, würden wir uns wahrscheinlich einigen. Wir würden es ein wenig anders sehen, aber das wäre kein Grund zur Trennung.

Ein spannendes Bild: Pater Anselm würde heute mit Luther diskutieren. Was würden Sie ihn denn fragen oder wo würden Sie ihm widersprechen?

Anselm Grün

Das Thema Willensfreiheit sieht er für mich zu pessimistisch. In diesem Zusammenhang würde ich ihn fragen, warum er den Menschen so verdorben sieht. Er hat Aristoteles total abgelehnt. Natürlich war die Neuscholastik sehr steril, aber dass Luther den Dialog mit der Philosophie ablehnte, widerstrebt mir. Warum war er da so kritisch? Sie hat doch auch eine Erkenntnis, und es geht immer um den Dialog zwischen Philosophie und Theologie.

Hat Luther für Sie eine zu negative Sicht auf den Menschen?

Anselm Grün

Ja. Gott hat den Menschen gut geschaffen. Natürlich ist die Sünde in die Welt gekommen, aber die Sünde hat den Menschen nicht total verdorben, sondern es gibt in ihm unter all der Schuld einen Raum, in dem auch der gute Kern geblieben ist. So sehe ich das. Luther beruft sich in seinem Menschenbild auf Paulus, aber mir hat einmal ein evangelischer Theologe gesagt: »Wo Paulus vom Geist spricht, wo der Geist in uns ist, ist alles gut.« Insofern ist auch nach Paulus in jedem ein Bereich, in dem der Geist schon da ist.

Herr Schneider, wie sehen Sie das, welchen Luther haben Sie im Gepäck?

Nikolaus Schneider

Luther war eine so vielschichtige, umfassende Persönlichkeit, dass ich mich nicht traue zu sagen: Ich habe mein Lutherbild. Ich kann immer nur von Aspekten sprechen, die mich ansprechen, und Aspekten, die ich doch fraglich finde oder die ich ablehne. Welche Aspekte von Luther mich jeweils wie ansprechen, hing und hängt auch von meiner jeweiligen Lebensphase ab.

In meiner Jugend war Luther der Held, der für den Glauben vor Kaiser und Reich einstand, für Gewissensfreiheit und Bildung. Seine Standfestigkeit und seine Bereitschaft, auf Schrift, Gewissen und Vernunft zu hören. Dieser Dreiklang spielte beim Verhör vor dem Kaiser eine wesentliche Rolle, als er sagte: »Ich widerrufe deshalb nicht.« Dabei war ihm klar, dass er damit Kopf und Kragen riskierte. Wir können das akademisch sehr schön sagen, aber wenn man damit rechnen muss, dass die Reichsacht folgt, dass man ausgeliefert werden muss, dass einen jeder totschlagen kann, weil man nicht mehr den Schutz der Rechtsgemeinschaft hat, und damit rechnen muss, dass man verbrannt wird, dass man als Ketzer gebrandmarkt wird in einem doch fragwürdigen Verfahren, in dem nicht mehr die Inhalte geprüft wurden, sondern nur noch gesagt wurde: »Aha, der ist wie Hus, also Häretiker«. Dass Luther trotz aller Angst und Furcht, die ihn bewegte, durchgehalten hat und in dieser Haltung blieb, ist wirklich sehr bemerkenswert.

Als Theologiestudent war mir das Kirchenverständnis von Luther wichtig: dass die Taufe eine Art Generalordination ist für das gesamte christliche Leben, auch in den geistlichen Bereichen. Luther sorgte dafür, dass eine christliche Gemeinde nicht nur als Zuschauer bei der Messe dabei und in der Eucharistie kurz beteiligt ist, aber ansonsten keine Rolle spielt. Er hat den Kirchengesang neu zugänglich gemacht, er hat Katechismen verfasst, die bis heute tragen. Diese Katechismen sollten dazu dienen, dass sowohl die Gläubigen etwas vom Glauben verstehen als auch der Pfarrer, weil Luther vom Zustand der religiösen Bildung in den Gemeinden nach seinen ersten Visitationen völlig entsetzt war.

Als Pfarrer faszinierte mich die Konsequenz, mit der Luther seinen Weg gegangen ist: Wenn eine Erkenntnis in ihm so gereift war, dass sie ganz fest wurde, dann hat er sie auch umgesetzt und gelebt. Er ist gegen den Willen seinen Vaters ins Kloster gegangen, was damals einiges hieß. Sein Vater hat das süffisant angemerkt bei Luthers Primiz, als er den Theologen sagte, das Gebot, dass man den Eltern gegenüber gehorsam sein solle, spiele wohl für die Herren Theologen keine große Rolle. Aber

Luther konnte seinen Weg gehen, weil er sich von Gott auf diesen Weg geführt sah. Das galt für den Weg ins Kloster, aber dann auch für den Weg aus dem Kloster heraus. Ich habe mir manchmal gewünscht, mich so klar von Gott auf bestimmte Wege gewiesen zu sehen. Luther hatte die Stärke, den Mönchsstand zu verlassen, weil er sich von Gott herausgeführt gesehen hat. Als er später gegen den Aufruhr in Wittenberg predigte – die berühmten Invocavit-Predigten –, hat er sich, bevor er auf die Kanzel ging, noch einmal die Tonsur schneiden lassen und die Kutte angezogen, um deutlich zu machen: »Leute, ich stehe in dieser Tradition und das gilt. Und bitte überfordert euch und andere nicht. Keine Bilderstürmerei.« Luther stimmte zwar theologisch mit Karlstadt überein, als der für die Abschaffung des Heiligenkultes predigte, aber er warb für eine »Reformation«, nicht für eine gewaltsame Revolution.

Was mich durchgehend an Luther beeindruckt, war seine schriftstellerische Produktivität. Es gibt keinen Menschen des 16. Jahrhunderts, der mehr geschrieben hat als Luther. Für unsere heutige Theologie finde ich dabei besonders inspirierend: Luthers theologische Schriften waren konkret, sie waren situations- und anlassbezogen. Sie waren nicht allgemeine Erwägungen, kein Glasperlenspiel, sondern bezogen auf bestimmte Probleme einer bestimmten Zeit. Was Luthers Bibelübersetzung für eine einheitliche Sprache in Deutschland bedeutete, kann man kaum überschätzen. Seine bildreiche und teils poetische Sprache beeindruckt mich immer wieder neu. Psalm 23 spreche und bete ich nur nach Luthers Übersetzung, und ich bin sehr froh, dass in der letzten Bibelrevision trotz der Erkenntnis, dass die Übersetzung philologische Fehler enthält, der vertraute Wortlaut geblieben ist.

Und dann noch eine Sache, die nicht zuletzt für mein Privatleben von entscheidender Bedeutung ist: Luther hat den Mönchsstand verlassen und die ehemalige Nonne Katharina von Bora geheiratet. Es ging ihm dabei auch um die Aufhebung der Vorstellung von einem geistlichen Stand, der durch den Zölibat einen direkteren Weg ins Himmelreich hatte als der weltliche Stand. Luther hob diese Vorstellung auf, indem er sagte: »Die Taufe macht vor Gott alle Menschen grundsätzlich gleich, und jenseits der Taufe gibt es nur noch spezielle Beauftragungen, aber keine höheren Weihen.« Dieser Ansatz spielte eine große Rolle für die weitere Entwicklung von Kirchen und Gesellschaft. In der Folge galt für unsere evangelischen Kirchen: Die Ehe ist kein Sakrament und die Priesterweihe ist kein Sakrament. Geistliche müssen nicht zölibatär leben. Luthers Ansatz hat die theologische Gleichrangigkeit der Getauften deutlich gemacht. Das war schon toll.

Herr Schneider, wer Ihnen zuhört, erlebt, wie Luther Sie heute noch begeistern kann. Gibt es für Sie Grenzen, wo Sie theologisch und menschlich nicht mehr mitgehen können?

Nikolaus Schneider

Luthers Urteil über das Judentum und über die Juden ist mir die größte theologische und menschliche Anfechtung. Darauf komme ich später noch einmal zurück. Eine für mich anstößige Seite an Luther ist seine Identifizierung des Papstes mit dem Antichristen. Er hat zwar begründet, weshalb der Papst – nicht der spezielle, sondern das Amt an sich – der Antichrist sei. Der theologische Grund, den er anführte, lautete: Der Papst stellt sich qua Amt über Christus, weil er vorgibt, wie Christus zu verstehen ist. Ich bin mir sicher, dass dieses undifferenzierte und keinem Menschen zustehende Urteil Luthers eigener Situation zuzurechnen ist, seiner existenziellen Bedrohung. Ich finde diese überzogene Polemik gegen das Papstamt menschlich und theologisch nicht akzeptabel, da bin ich ganz bei Pater Anselm.

Schwierigkeiten habe ich auch mit der sehr zwiespältigen Haltung, die Luther im Bauernkrieg zeigte. Er hat sich zu den zwölf Artikeln der Bauernschaft in Schwaben zunächst positiv geäußert. Er hat den Protest der Bauern differenziert aufgenommen, dann aber diese schlimme Schrift verfasst »Wider die räuberischen und mörderischen Rotten der Bauern«, in der er die Fürsten geradezu aufgefordert hat, die Bauern niederzumetzeln – mit furchtbaren Konsequenzen. Dieses Maßlose bei Luther, das Pater Anselm stört, stört auch mich. Noch schlimmer ist diese Maßlosigkeit – vor allem mit Blick auf die Wirkungsgeschichte – dann im Bezug auf die Juden. Erst wirbt er um Verständnis und sagt 1523, dass unser Herr Jesus Christus ein geborener

Jude ist. Doch dann verfasst Luther in den 1540er-Jahren, als es auf seinen Tod zugeht, drei maßlose Schriften gegen das Judentum, die dann die Nationalsozialisten aufgreifen konnten.

Das sind Punkte, die mich erschrecken und abschrecken, genau wie seine Sturköpfigkeit. Melanchthon hat lange versucht, Brücken zu bauen, bis zum Augsburger Reichstag 1530. Die »Confessio Augustana« ist ein ökumenisches Dokument, das versucht, die Kirche zusammenzuhalten. Luther saß derweil auf der Coburg und hatte mit Melanchthon Kontakt darüber. Damals wäre ihr Verhältnis fast zerbrochen, weil Luther der Meinung war, die Verhandlungsführer der evangelischen Seite seien zu weich, sie kämen den »Altgläubigen« zu sehr entgegen. Genauso sturköpfig war Luther gegenüber den Schweizern und den Oberdeutschen. Diese Sturköpfigkeit hinderte ihn in bestimmten Situationen daran wahrzunehmen, dass die Gemeinschaft zu wahren auch ein eigenständiges und wichtiges Gut ist. Auch um den Preis, dass nicht alle seine Erkenntnisse und Urteile voll zur Geltung kommen. Dafür hatte Luther weder Verständnis noch die notwendige Demut und Selbstkritik.

Also Sie merken: Ich habe eine große Hochachtung vor Luther, ich verdanke ihm sozusagen meine evangelische Existenz, das ist gar keine Frage. Er ist unser Kirchenvater oder einer der Kirchenväter, ein genialer Typ, aber ein Heiliger ist er nicht, dafür hatte er zu viele Schwächen.

Was mich als Letztes noch beeindruckt: Ich habe sein Testament gelesen, das in Budapest liegt – es gibt mehrere –, und was mich rührte, ist, wie er darin über seine Frau spricht. Entgegen der rechtlichen Möglichkeiten der damaligen Zeit versucht er in diesem Testament, die Unabhängigkeit seiner Frau zu sichern. Er versucht sie rechtlich und finanziell in eine Position zu bringen, die es ihr erlaubt, nicht als abhängiges Mündel den Erwägungen und Entscheidungen anderer Menschen ausgeliefert zu sein. In welcher Liebe er von seiner Frau spricht, kann einen zu Tränen rühren. Er hatte also auch diese Seite. Insofern war er einerseits ein großartiger Mensch, hatte andererseits aber eben seine Schwächen und seine Abgründe.

Sie haben nun beide diese Dimensionen aufgezeigt: die Zartheit, aber auch das Maßlose und Harte, was einen eher abstößt oder auf Abstand hält. Pater Anselm, war Luther eine unreife Person?

Anselm Grün

Ich würde da nicht werten. Er bekam sicher von seiner Erziehung her – sein Vater war sehr autoritär – viel Angst mit auf den Weg, und dann durchlitt er dieses Erlebnis mit dem Unwetter. Er hat einige Verletzungen gehabt, sich aber durchgerungen, und das war eine wichtige menschliche wie auch spirituelle Erfahrung. Als unreif würde ich ihn nicht bezeichnen. Er war sicher ein zwiespältiger Mensch, ich würde ihn mit Hieronymus vergleichen. Hieronymus war auch ein genialer Schriftsteller, er hat die »Vulgata« geschaffen, persönlich war er allerdings auch nicht einfach.

Nikolaus Schneider

Zum Menschenbild – und damit wohl auch zum Selbstbild – Luthers möchte ich sagen: Ich bin da immer hin- und hergerissen. Luther hat im Streit mit Erasmus gesagt, als es um den freien Willen ging, im eigentlichen Sinne habe der Mensch keinen freien Willen: Entweder werde der Mensch von Gott geritten, dann sei es gut, dann sei er im Glauben und bringe gute Früchte. Oder der Mensch werde vom Teufel geritten. Entweder – oder. Was Luther wenig reflektierte: Wie kommt es denn, dass Gott einen Menschen reitet oder der Teufel? Welchen Anteil hat der einzelne Mensch daran? Bei Luther steht diese Dualität so im Vordergrund, dass man in der Tat den Eindruck gewinnen kann, er sähe beim Menschen keine eigenständige Verantwortung.

Anselm Grün

Ich würde sagen, man kann den Menschen verschieden sehen. Es gibt auch in der Philosophie und Dichtung die eher optimistischen und die eher pessimistischen Bilder. Als einen Aspekt kann ich es so stehen lassen, man kann den Menschen so sehen. Beim alttestamentlichen Propheten Jeremias heißt es auch, der Mensch sei von seinem Herzen her böse –

aber das ist nur *eine* Aussage, es finden sich auch andere. Und so kann man das als einen Aspekt stehenlassen, aber in meinen Gesprächen mit evangelischen Theologen habe ich manchmal erlebt, dass mir die Sicht auf den Menschen zu pessimistisch war.

Nikolaus Schneider

Wir evangelische Theologen sind sehr von Luthers einseitigem Menschenbild geprägt, da haben Sie völlig Recht. Die Einsicht des Paulus im Brief an die Römer: »Das Gute, das ich will, tu ich nicht; sondern das Böse, das ich nicht will, das tue ich« (Röm 7,19), ist für uns sehr prägend, auch für mich. Ich würde sagen, wir haben ein skeptisches Menschenbild, nicht durch und durch negativ, aber sehr skeptisch.

Anselm Grün

Von meiner katholischen Tradition her bin ich da optimistischer. Aber Luther konnte schon auch sein Bier genießen, er hatte also durchaus eine genießerische Seite.

Nikolaus Schneider

Wenn uns Gott reitet, dann ist alles gut. Dietrich Bonhoeffer, lutherischer Theologe des 20. Jahrhunderts, konnte sagen: »Was uns Christen ausmacht, ist, dass wir trotz allem optimistisch bleiben.« Ich glaube, er hat sogar den Begriff »Optimismus« benutzt, um in seiner Zeit deutlich zu machen: »Dieser Hitler bestimmt mein Leben nicht.« Aber mit dem Menschenbild haben Sie einen Punkt genannt, bei dem wir Protestanten zumindest nicht so klar sind.

.

Luther war ein großer, kirchenprägender Christ, von dem Herr Schneider sagt, dass er ihm seinen Glauben oder die konfessionelle Ausprägung seines Glaubens verdankt. Für solche großen kirchlichen Persönlichkeiten hat die christliche Tradition das Etikett »heilig«. Passt es zu Luther?

Nikolaus Schneider

Wie gesagt, für einen Heiligen halte ich Luther nicht. Der Apostel Paulus schreibt aber auch »An die Heiligen in Korinth«. Und wenn man sich dann die Heiligen in Korinth anschaut, sind diese doch sehr anders heilig, als sich die meisten ein Heilig-Sein vorstellen. Ich bin eher von dieser paulinischen Vorstellung des Heiligen bestimmt, die sagt: Wenn wir zu Christus gehören, dann sind wir in all unseren Gebrochenheiten heilig. Denn Christus ist heilig, und weil er heilig ist und ich zu ihm gehöre, bekomme ich an seiner Heiligkeit Anteil. So sehe ich auch mich als Teil der »Gemeinschaft der Heiligen«, die ich im apostolischen Glaubensbekenntnis bekenne. Die Anglikaner haben Dietrich Bonhoeffer in einer Reihe der Heiligen in Westminster Abbey auf das Portal gesetzt und ihn sehr bewusst als einen »Heiligen« benannt, um herauszustellen, dass er als Zeuge Christi zum Märtyrer wurde. Ich glaube, das ist das Entscheidende, was wir über Menschen sagen können, dass sie Zeuginnen und Zeugen Christi sind. Das wäre für mich die wichtigste Kategorie, um das Etikett »heilig« zu verwenden – und ein Zeuge Christi war Martin Luther ohne Zweifel.

Pater Anselm, warum zögern wir, Luther, obwohl er sehr prägend war, obwohl er berührende geistliche Texte geschrieben hat, obwohl er wirklich viele Menschen in den Glauben geführt hat, als Heiligen zu bezeichnen?

Anselm Grün

Zunächst gibt es in der lutherischen Theologie auch sonst keine Heiligen, insofern kann man Luther gar nicht als Heiligen bezeichnen. Er war sicher ein authentischer Mensch, das ist faszinierend, und er hat in seiner Weise bei all seinen Gebrochenheiten an seinem Glauben festgehalten. Dass in ihm auch etwas Spalterisches war – nicht nur hinsichtlich der katholischen Kirche, sondern es ging weiter mit Karlstadt, mit Münzer, mit Erasmus –, würde ich schon etwas negativ sehen. Aber wir müssen da im katholischen Bereich ebenfalls aufpassen. Die Heiligen sind keine perfekten Menschen, sondern durchaus, wie Herr Schneider sagt, gebrochene Menschen, die aber von Gott verwandelt worden sind. Es gibt im katholischen Bereich verschiedene Heilige. Die einen, Franziskus oder Augustinus, sind Vorbilder, aber natürlich nicht in allem. Doch sind sie Bilder, in denen wir uns selbst sehen. Carl Gustav Jung sagte einmal: »Viele verdrängten ihre Schattenseiten, aber viele verdrängten auch ihre Lichtseiten.« Die Heiligen wollen unsere Lichtseiten zeigen, sie wollen zeigen, dass in uns auch positive Möglichkeiten sind. Das ist der eine Aspekt des Heiligen: Vorbild zu sein im Glauben und in der Hoffnung, dass alles verwandelt werden kann. Viele Heilige haben Verwandlungsprozesse durchgemacht. Der andere Aspekt ist: Viele Heilige, die eher legendenhaft sind, sind eigentlich Bilder für das Wirken Gottes, zum Beispiel die vierzehn Nothelfer, über die man historisch nicht viel weiß. Nicht die Nothelfer heilen die Wunden, sondern sie stellen die Wunden dar und zeigen, was Gott an Wundern an uns wirkt. Es sind Bilder der Hoffnung, dass Gott auch an uns Heilung wirkt.

Es gab in der katholischen Heiligenverehrung immer eine Tendenz, vor allem in den 1950er-Jahren, die Heiligen auf einen Sockel zu stellen, sie als außerordentliche Menschen darzustellen, die nichts mit uns zu tun haben. Doch das ist unrealistisch und ruft eher ein schlechtes Gewissen hervor. Das Eigentliche ist: Sie haben versucht, mit ihrem Leben – sie waren zum Teil psychisch überhaupt nicht ausgeglichen, wie zum Beispiel Hieronymus, oder Thérèse von Lisieux, die eher ein narzisstischer Typ war – zu zeigen, dass Gott den Menschen verwandeln kann. Das ist das Entscheidende, weil es uns Hoffnung gibt.

Wenn wir von einer Gemeinschaft der Heiligen sprechen, haben wir das Gefühl, nicht allein zu sein, sondern unsere Wurzeln in vielen Menschen zu haben. Und da ist Luther sicher auch eine Wurzel – eine Wurzel unseres Glaubens in dem Sinn, dass er ein Zeuge für Christus ist und eine Wurzel, die meinen Glauben mitbestimmt, denn mein Glaube ist ein Stück weit geprägt von ihm. Die kritischen Anfragen, die er damals an manche Entwicklungen in der katholischen Kirche gestellt hat, bleiben. Das sind für mich kritische Herausforderungen, die ich immer ernst nehmen werde. Insofern ist er für mich prägend. Ich würde ihn als Zeugen Christi bezeichnen, aber nicht unbedingt als Heiligen.

Aber ist eine solche Person in der ganzen Ambivalenz, die Sie beschrieben haben, jemand, zu dem Sie auch eine innere Beziehung aufbauen können? Können Sie mit ihm im Abstand von 500 Jahren noch ein inneres Zwiegespräch führen oder bleibt er doch eher eine fremde Figur?

Anselm Grün

Wenn ich über Luther lese, merke ich, dass ich meine alte Tendenz der Jugend, sofort zu sagen: »Wir haben recht«, zur Seite schieben und einen neuen Blick auf Luther werfen muss. Aber ich glaube, dass wir durchaus ein gutes Zwiegespräch führen könnten. Sein Ringen nehme ich ernst, auch seinen Mut, für seinen Glauben einzustehen, trotz der Gefahr, dass der Kaiser ihm ans Leben wollte. Ich denke, dass der Papst in Rom das Ganze damals gar nicht richtig ernst genommen hat. Der Papst wollte ihm wahrscheinlich gar nicht ans Leben, der Kaiser aber schon. Luther hat Rom zwar in seiner Ruhe gestört, aber die Römer waren da nicht existenziell betroffen. Für die deutsche Kirche war Luther dann aber Freiwild, deshalb war es sehr mutig, zu seinem Glauben zu stehen. Ähnlich standhaft waren die christlichen Märtyrer in den ersten Jahrhunderten, die einfach für Christus eingestanden sind und sich nicht von den damaligen Mächtigen haben einschüchtern lassen.

Luther wollte im Grunde die Kirche, die ganze Christenheit reformieren. Ist dieses Reformanliegen für Sie berechtigt gewesen?

Anselm Grün

Natürlich. Zunächst einmal ist das ein ständiger Anspruch, auch heute noch. Beide Kirchen müssen sich immer wieder neu reformieren oder erneuern. *Ecclesia semper reformanda* war auch ein Spruch der Kirchenväter. Allerdings darf man die damalige Kirche nicht nur als die *massa damnata*, also als die absolut falsche Kirche sehen. Innerhalb der Kirche gab es auch die mystischen Strömungen. Aber die offizielle Kirche war einfach der Macht und dem Geld verfallen. Es musste eine Reform stattfinden, weil es so nicht weitergehen konnte. Luthers Protest und seine Ablassthesen kann ich theologisch alle unterschreiben, da habe ich überhaupt keine Probleme.

Aber dann war er zu spalterisch, und das ist ein Problem für Sie?

Anselm Grün

Ja, das ist ein Problem für mich. Natürlich gibt es das auch im katholischen Bereich. Mit Küngs Theologie bin ich beispielsweise einverstanden und habe überhaupt keine Probleme, aber er hat auch etwas Spalterisches an sich. Kardinal Döpfner wollte damals vermitteln, aber dann hat Hans Küng ihn im Regen stehen lassen. Es gibt im katholischen Bereich eine Tendenz, sich selbst in den Mittelpunkt zu stellen und sich dann in der Märtyrerrolle zu gefallen.

Das klingt typisch katholisch: Ein bisschen Kritik ist erlaubt, aber dann muss man akzeptieren, dass sich nichts bewegt, und schweigen. Luther war nicht damit zufrieden, etwas zu kritisieren und nichts zu bewegen, und deshalb kam es zur Reformation, die letztlich eine Spaltung war. Die Katholiken werfen ihm das vor, aber er hätte mit dem alleinigen Benennen der Probleme doch gar nichts bewegt.

Anselm Grün

Dass die Kirche genauso Schuld war an der Spaltung wie Luther, ist klar. Die Kirche hat sich nicht bewegt, sondern hinter der Macht versteckt. Ich weiß auch nicht, wie eine Reform damals anders hätte gelingen können.

Aber das Katholische ist schon so: Man geht nie über die Grenzen, die von der offiziellen Kirche, von oben vorgegeben werden?

Anselm Grün

Ich denke schon, dass viele Heilige über die Grenzen gegangen sind. Hildegard von Bingen hat ein Jahr Interdikt als Strafe über sich ergehen lassen. Der Bischof hat ihr verboten, Eucharistie zu feiern, aber sie hat Widerstand geleistet und nicht einfach klein beigegeben. Sicher ist die katholische Tendenz eher, die Grenzen zu akzeptieren. Aber es braucht den Widerstand. Auch Teresa von Ávila hat durchgehalten, als ein Inquisitionsverfahren gegen sie eröffnet wurde. Sie hat sich nicht verbogen und nicht nachgegeben. Und trotzdem ist sie in der Kirche geblieben. Karl Rahner bekam einmal ein Jahr Schreibverbot. Er hat das akzeptiert und trotzdem an seiner Theologie festgehalten, in der Hoffnung, dass sich in der Kirche etwas bewegen werde. Und er wurde zum führenden Theologen des Zweiten Vatikanischen Konzils. Das ist für mich der Weg, der mir näher liegt. Aber ich will nicht urteilen, wenn jemand diese Spannung nicht aushalten kann und über die Grenzen der Kirche hinausgeht.

Im Nachhinein würde ich sagen, dass die mit der Reformation verbundene geschichtliche Entwicklung viel Unheil gebracht hat, der Dreißigjährige Krieg bescherte viel leid. Auf der anderen Seite braucht es wahrscheinlich die getrennten Kirchen, damit beide lebendig bleiben. Eine Zeitlang hat sich jeder versteift auf die eigene Position, aber heute sehen wir, dass jede Position immer auch zu relativieren ist, die katholische wie die evangelische. Und um diese gesunde Spannung, einander zu relativieren, geht es heute, damit keiner ins Extrem fällt.

Herr Schneider, es ist bei den Protestanten fast zum Markenkern geworden, stolz darauf zu sein, dass da mal einer gesagt hat: »Hier stehe ich, ich kann nicht anders. Ich gehe den Kompromiss nicht ein.« Das war im Zusammenhang mit dem Reformationsjubiläum ein großes Thema, der Schmerz über die Spaltung als Folge einer solchen Haltung, aber zugleich die Einsicht: Es musste vielleicht sein. Können Sie den Schmerz nachvollziehen, den Pater Anselm zum Ausdruck bringt?

Nikolaus Schneider

Den kann ich nachvollziehen, ich erlebe ihn selbst. Aber ich bin der festen Überzeugung, dass die Kirchentrennung damals so sein musste. Denn diese Forderung nach einer Reform der Kirche an Haupt und Gliedern gab es schon jahrhundertelang, man kann sagen, vom Hochmittelalter bis zum Ausgang des Mittelalters. Und die kirchlichen Autoritäten, ausgehend vom Papst, ausgehend vom Vatikan, haben dem widersprochen, waren nicht bereit und haben Reformbewegungen blutig unterdrückt. Die Heilige Inquisition hat eine furchtbare Blutspur durch Europa gezogen. Und dass das nicht so weiter gehen konnte, war völlig klar. Es war genauso klar, dass Rom so weitermachen wollte. Insofern war Luthers Standhaftigkeit absolut nötig. Sein Auftreten, sein Gespräch mit Cajetan, die Disputationen, sein Auftreten in Worms waren notwendig. Luther war für mich Reformer. Dass aus der Reform eine Reformation und Kirchentrennung wurde, geschah, als die Politik zur bestimmenden Größe wurde. Der Papst war Politiker und Kirchenfürst, auch der damalige Vatikanstaat hatte eine ganz andere Größenordnung. Nach meinem Eindruck gab es keine Bereitschaft, sich in den entscheidenden Machtpositionen wirklich zu verändern. Von daher lief es genau auf diesen Bruch hinaus, nachdem eben die Fürsten mit eingestiegen sind und erstens Luther beschützt haben und zweitens gesagt haben, auch mit Rom gehe das so nicht weiter. Die deutschen Beschwernisse spielten auf allen Reichstagen eine Rolle – gegen die Prachtsucht und Machtsucht und Geldsucht des Papstes. Der Ablass war vor allem ein Finanzierungsinstrument. Es gab Bischöfe, die von Theologie keine Ahnung hatten, weil sie ihre Ämter gekauft hatten. Albrecht von Mainz hat den Ablass gebraucht, um gegenüber dem Augsburger Kaufmann Fugger den Kauf des Amtes zu refinanzieren, auch das spielte eine Rolle. Diese Missstände waren nicht weiter zu tolerieren.

Und so sehr ich persönlich einem Philipp Melanchthon und einem Martin Bucer näher bin als Luther, so sehr bin ich dankbar, dass Luther standhaft geblieben ist, weil ich sicher bin, dass Rom sich nicht bewegt hätte. Der Papst hatte sich geweigert, den Westfälischen Frieden von 1648 zu unterschreiben, an dessen Aushandlung er als weltlicher Herr beteiligt war. So weit ging die römische Halsstarrigkeit. So kritisch ich Luther sehe, beim Papsttum der damaligen Zeit sehe ich ein größeres Versagen und ein geringeres Bemühen, die nötigen Veränderungen voranzutreiben.

Glücklicherweise hat sich die katholische Kirche durch die Reformation deutlich verändert, sowohl die Theologie wie auch das Kirchenleben. Doch der Machtanspruch Roms ist leider geblieben. Nur wenn Rom seine Erlaubnis gibt, darf sich etwas Grundlegendes in der Kirche ändern. Und das ist ein Punkt, den ich bis heute kritisch sehe. Da bin ich Luther ganz nah und sage: »Nein, so nicht! Bitte offene Kommunikationsprozesse, bitte synodale Elemente, bitte das Respektieren anderer Meinungen und dann auch das Respektieren synodaler Entscheidungen.« Das ist übrigens eine alte katholische Tradition, Nikolaus von Kues hat es im 15. Jahrhundert genauso gesehen.

Der ehemalige EKD-Ratsvorsitzende Wolfgang Huber hat einmal gesagt – und das hat die katholische Kirche ziemlich geärgert: »Die evangelische Kirche ist die durch die Reformation hindurchgegangene katholische Kirche.« Ein sehr zugespitzter Satz, aber er ist insofern richtig – ich will das jetzt mal positiv aufnehmen –, als doch Luther die wesentlichen Grundlagen seiner theologischen Erkenntnisse aus der katholischen Tradition genommen hat. Ohne dass der Förderer und Beichtvater des jungen Luther, Johann von Staupitz, ihm Christus als den gnädigen Christus nahegebracht hätte, wäre Luther wohl nicht bei *solus Christus* gelandet. Ohne dass Staupitz ihm vermittelt hätte: »Christus schaut dich voller Liebe und Gnade an«, wäre er wohl nicht bei *sola gratia* gelandet. Staupitz hat ihm empfohlen, die Bibel zu lesen. Als er ins Kloster eintrat, bekam er zum ersten Mal eine Bibel, sonst wäre er wohl nicht zu *sola scriptura* gekommen.

Dass die Tradition der Kirche die Reformation Luthers ermöglicht hat, möchte ich noch einmal betonen. Luther hat Reformelemente der Tradition aufgenommen und stark gemacht, die dann allerdings eben an einem Punkt in den Konflikt und zur Spaltung geführt haben: bei der Machtfrage.

Anselm Grün

Auf der einen Seite empfinde ich den Schmerz über die Spaltung, auf der anderen Seite verstehe ich auch, dass die Päpste und Bischöfe nicht mehr tragbar waren. Hier merkt man, dass keine Diskussion mehr möglich ist, wenn die Kirche zu sehr nach Macht strebt. Es ist sicher die dauernde Anfrage der Reformation an die katholische Kirche, sich nicht zu sehr hinter der Macht zu verstecken. Das gibt es noch heute, zwar sicher nicht beim jetzigen Papst, aber bei den Kardinälen. In Rom gibt es auch Tendenzen zu sagen: »So ist es und nicht anders« – also wieder die alte Machtfrage. Ich habe keine Probleme mit der Dogmatik, weil sie immer auch interpretiert werden muss. Probleme gibt es, wenn die Macht die Moral und das Verhalten festsetzt. Es gibt keine moralischen Dogmen, Moral wandelt sich. Doch die katholische Kirche tut manchmal so, als ob sie das Verhalten festschreiben könnte, und Luther hatte Recht, als er dagegen rebellierte.

Nikolaus Schneider

Mir ist dieser Punkt sehr wichtig – eine späte Erkenntnis, auch durch den Kirchengeschichtler Volker Leppin gefördert –, dass Luther in we-

sentlichen Dingen in der Tradition verbleibt. Insofern sind wir evangelisch-katholisch. Dann unterscheide ich zwischen römisch-katholisch und
evangelisch-katholisch. Das ist doch die große ökumenische Chance, dass
wir auch in der Tradition, die vor der Reformation liegt, so vieles haben,
was wir gemeinsam aufnehmen können.

Papst Johannes Paul II. hat etwas getan, das mich aufmerksam gemacht
hat: Er hat Pius IX. und Johannes XXIII. in einem Zug seliggesprochen.
Und für mich hieß das Folgendes:

Pius IX. war der oberste Reaktionär. Er verlangte den »Antimoder-
nisten-Eid«, war gegen Demokratie und gegen die moderne Wissenschaft – also absolut regressiv. Aber im 19. Jahrhundert befand er sich
in einer Situation äußerster Bedrängnis: das war die industrielle Revolution, das war die Aufklärung, die Infragestellung des Glaubens und
die Infragestellung des Vatikanstaats. Die Regression bei Pius IX. hatte
offensichtlich das Ziel, sich gegen diese Tendenzen zu wehren. Über die
Sinnhaftigkeit dieses Vorgehens und seinen Erfolg kann man streiten.
Johannes XXIII. dagegen öffnete die Fenster: »Wir müssen auf die Menschen zugehen, wir müssen in unserer Zeit leben, wir müssen Glaube und
Kirche neu formulieren.«

Ich glaube, Johannes Paul II. wollte mit der doppelten Seligsprechung
sagen: Wir brauchen beides. Wir brauchen das Befestigen in der Tradition.
Und wir brauchen auch Öffnung und Erneuerung. Ich weiß nicht, ob
meine Interpretation da richtig ist, aber so habe ich das verstanden.

Als Protestanten haben wir Öffnung und Erneuerung gleichsam in
unserer DNA, wir verdanken unsere Existenz einem solchen Prozess.
Wir müssen uns aber immer wieder daran erinnern, dass wir in der Tat
Elemente brauchen, die Tradition und die Kontinuität wahren. Dies aber
nicht von oben verordnet, sondern indem wir auf die Gegenwart des Hei-
ligen Geistes in der Kirche, auch in kirchenleitenden Gremien, vertrauen.
Wir wollen keine Machtkonzentration bei einer Person haben, sondern
Kirchenleitung kollegial und synodal verantworten.

Anselm Grün

Weil wir gerade bei der Unfehlbarkeit sind: Das Erste Vatikanische Konzil hat diese Frage völlig einseitig, nur auf den Papst konzentriert ausge-

legt. Für mich heißt das Dogma von der Unfehlbarkeit, dass die Kirche als Ganze nicht aus der Wahrheit fallen kann. Sie hat genügend falsche Sachen behauptet. Unfehlbarkeit heißt nicht, dass die Kirche, dass der Papst immer Recht hat. Es gab innerhalb der Kirche viele falsche Auslegungen der Bibel. Daher braucht es den Streit der Theologen und der Gläubigen und das ständige Ringen um die richtige Auslegung des Glaubens. Aber für mich vermittelt das Dogma von der Unfehlbarkeit, dass die Kirche als Ganze, die Gemeinschaft aller Gläubigen mit dem Papst und den Bischöfen in Glaubenssachen nicht aus der Wahrheit fallen kann.

Die Kirche kann viele Fehler machen, politisch und religiös. Aber der Glaube, den sie vermittelt – das ist meine Hoffnung –, ist für mich bei allen Unzulänglichkeiten der Formulierungen doch das Fundament, auf dem wir stehen können, auf dem wir gemeinsam Ausschau halten nach dem Gott Jesu Christi, der als der ganz andere Gott immer jenseits aller Bilder und aller dogmatischer Formulierungen ist. Wenn ich heute von Kirche spreche, dann meine ich alle christlichen Kirchen, es gibt ja nicht nur die evangelische und katholische, sondern noch sehr viele andere. Sie haben verschiedene Meinungen, aber dass wir gemeinsam ein Fundament haben und nicht aus dem Glauben herausfallen, das ist meine Hoffnung.

Nikolaus Schneider

Der Formulierung, dass wir als Kirche – als Gemeinschaft aller, die zu Christus gehören und eben nicht eine bestimmte kirchliche Institution – nicht aus der Wahrheit Gottes herausfallen, stimme ich gerne zu. Und ich ergänze und sage: weil Christus in dieser Kirche präsent ist. Er hält uns im rechten Glauben. Immer da, wo der Geist Christi präsent ist und sich als wirkmächtig erweist, bleiben wir im rechten Glauben. Die unterschiedlichen äußeren Formen, mit denen wir unseren Glauben bekennen und stärken, die Gottesdienste, die Rituale, die Dogmatik, sind hilfreich dafür oder sollen dem dienen, aber sie können Christi Wirkungsraum weder begrenzen noch beschneiden. Das ist die Gefahr aller Dogmatik, wenn sie zu viel will, wenn sie nicht nur das Geheimnis offenhalten, sondern sagen will, was und wie die Wahrheit Gottes wirklich ist. Von daher haben wir Gott sei Dank aufgegeben zu sagen:

Nur in der evangelischen Kirche ist Christus gegenwärtig, nicht aber bei den Katholiken, weil sie den Papst haben, der der Antichrist ist. Solche Überhebungen haben wir durch synodale Beschlüsse aus unseren Verlautbarungen und Bekenntnissen herausgenommen. Um der für uns Menschen nicht fassbaren und verfügbaren Wahrheit Gottes willen kommt es darauf an, uns gegenseitig zuzugestehen, dass Christus mit uns unterwegs ist.

Anselm Grün

Ein Streitpunkt zwischen katholisch und evangelisch war lange die Frage: Wie kann der Papst ein Dogma aufstellen und Luther allein auf die Schrift verweisen? Für mich ist wichtig: Der Papst kann nichts gegen die Schrift sagen. Nehmen wir zum Beispiel die Dogmen über die unbefleckte Empfängnis und die leibliche Aufnahme Mariens in den Himmel. Sie sind für mich einfach bildhafte Ausführungen. Maria ist Typus des erlösten Menschen, und was von Maria gesagt wird, wird von uns gesagt. Es ist also eine Beschreibung von uns, und die unbefleckte Empfängnis ist nichts anderes als das, was im ersten Kapitel des Epheserbriefes und auch in der Liturgie gesagt wird: Wir alle sind von Anbeginn der Welt in Christus auserwählt, heilig und makellos zu sein. Dort, wo Christus in uns ist, ist etwas Makelloses, Fehlerloses, und mehr kann das nicht sagen. Es heißt also nicht, dass Maria etwas Besonderes ist und wir die armen Sünder. So wird es leider oft interpretiert, aber das ist nicht die katholische Dogmatik.

Und dass Maria mit Leib und Seele in den Himmel aufgenommen worden ist – das sagt auch Rahner –, meint nichts anderes als das, was wir im Credo bekennen: »Ich glaube an die Auferstehung des Fleisches und das ewige Leben«, also dass wir mit Leib und Seele aufgenommen werden. Natürlich wird der Leib verwesen, aber Leib heißt ja, dass nicht die Seele aufgeht in einem Meer des Unbewussten, sondern dass der Mensch als diese einmalige Person in Gott hinein gerettet wird. Der Leib ist ein Bild für die Einmaligkeit der Person. Wie die Auferstehung des Fleisches genau ausschaut, weiß niemand. Paulus spricht vom »überirdischen Leib«. Auch das ist ein Bild dafür, dass wir zu Gott kommen und auferstehen. Natürlich ist es in katholischen Predigten oft anders und übertrieben dargestellt worden. Aber ich denke, die Schrift ist das Wichtigste, und Dogmen sind die Auslegung der Schrift, natürlich eine bildhafte Auslegung. Wir brauchen Bilder, damit das Geheimnis des Glaubens unsere Herzen berührt.

Nikolaus Schneider

Ich stimme Ihnen vollkommen zu in dem, was sie über den Epheserbrief und unseren christlichen Auferstehungsglauben sagen und was Maria betrifft. Aber wenn das so ist und wenn das im Grunde für uns alle gilt, warum brauche ich dann noch ein Dogma über Maria? Das ist für meine Begriffe völlig überflüssig. Damit tue ich mich schwer, und das, was es an Volksfrömmigkeit dazu noch alles gibt, ist mir völlig fremd.

Anselm Grün

Es gab schon viele katholische Theologen, die das hinterfragt haben, und ich würde auch nicht sagen, es wäre notwendig. Das ist eben das geschichtliche Geschehen. Die Frage ist, wie wir das interpretieren. Dahinter steckte damals sicher auch die Machtfrage und alles Mögliche andere.

Nikolaus Schneider

War das vielleicht auch ein Affront gegen uns Protestanten?

Anselm Grün

Es kann schon sein. Es gab in der Mariologie zudem Tendenzen, die übertrieben waren. Aber das meine ich eben damit, dass die Kirche nicht ganz aus der Wahrheit fallen kann. Rein logisch würde ich sagen, lasst das weg, aber nun ist es einfach geschehen und nun bleibt die Frage, wie wir es interpretieren können, damit es stimmig wird.

Nikolaus Schneider

Das ist mir sehr sympathisch, dass Sie sagen, wir machen jetzt einfach das Beste aus unserer Tradition.

Die Marienfrömmigkeit ist ein kontroverser Punkt. Sie haben eben angedeutet, Herr Schneider, die Katholiken könnten die Mariendogmen auch formuliert haben, »um uns zu ärgern«. Luther selbst war, noch mehr als die Lutheraner später, Marienverehrer. Damit steht er im Grunde nicht mehr im Konsens mit seiner später entstandenen Kirche, oder?

Nikolaus Schneider

Ich bin nicht der Experte, der sagen könnte, wie Luthers Marienfrömmigkeit im Einzelnen aussah, aber dass er sie sehr hochschätzte und dass es auch eine gelebte, innerliche Frömmigkeit war, ist ein ganz wesentlicher Punkt bei Luther. Meines Erachtens wird in unseren Luther-Bildern oft unterbewertet, wie stark er – vermittelt durch Staupitz, durch die spirituelle Frömmigkeit Taulers und durch Bernhard von Clairvaux – davon bestimmt war, dass der Glaube ein Geschehen des inneren Menschen ist und nicht einfach nur eine Äußerlichkeit. Dieser Aspekt wurde später zum vorurteilsvollen Unterscheidungsmerkmal: katholisch ist äußerlich, evangelisch ist der ernsthafte Glaube des inneren Menschen. Aber innerlicher Glauben war und ist eben auch katholisch und hat Luther geprägt. Darüber gibt es dann auch Zugänge zu Maria und zu einer Marienfrömmigkeit. Manche Interpretationen der Marienfrömmigkeit machen mir keine Probleme.

Das *Magnificat* etwa ist ein Text, über den ich sehr gerne predige, ein Text, der mir auch persönlich sehr viel gibt, den ich sehr gerne lese und meditiere. Ein Problem bekomme ich dann, wenn zu Maria gebetet wird. Ich habe Messen erlebt, in denen die Marienfrömmigkeit in einer für mich zu übersteigerten Weise Teil des Gottesdienstes war, bis hin zum Gebet zu Maria. Das ist ein Punkt, an dem es mir dann doch den Mund verschließt, weil ich ganz streng sage: Wenn gebetet wird, dann wird zu Gott gebetet. Meine Frau ist in dieser Hinsicht noch radikaler und sagt, zu Christus könne sie auch nicht beten, sondern nur durch Christus zu Gott. Ich meine schon, dass wir aufgrund unseres trinitarischen Glaubens auch zu Christus beten können, aber Maria ist nicht Teil der Trinität.

Von daher ist für mich hier eine spirituelle Grenze gesetzt, weil ich denke, dass es nach dem biblischen Zeugnis Gebete nur zu Gott geben kann und mit einem trinitarischen Gottesbild zu Christus und zum Heiligen Geist. Aber Luther in Sachen Marienfrömmigkeit als von den protestantischen Kirchen getrennt darzustellen, geht meines Erachtens zu weit. Man muss Luther in seiner Entwicklung sehen. Vor seiner theologischen Laufbahn hatte er in Stotternheim auch eine Heilige angerufen: »Heilige Anna, hilf!«, und dann: »Ich will ein Mönch werden, wenn ich dieses Gewitter und diesen Blitzeinschlag überlebe.« Im Blick auf Gebetsadressen gab es bei Luther eine Entwicklung.

Anselm Grün

Für Luther – ich habe das *Magnificat* von ihm auch gelesen – ist Maria Urbild und Vorbild des Glaubens. Das ist, denke ich, für uns beide kein Problem.

Zum anderen Punkt: Wir Katholiken beten nicht zu Maria, sondern bitten sie, so wie wenn ich vor einer Prüfung zu jemandem sage: »Denk an mich!« oder »Bete für mich!« So ist das auch bei den Heiligen. Wenn Luther sagt: »Anna, hilf!«, dann ist es immer Gott, der hilft. Maria wird also nicht angebetet. Normalerweise gibt es kein Gebet zu Maria, sondern sie wird um Fürbitte gebeten, zum Beispiel im klassischen *Ave Maria*: »Heilige Maria, Mutter Gottes, bitte für uns jetzt und in der Stunde unseres Todes.« Diese Bitte muss man psychologisch sehen. Wenn auf der einen Seite ein zu starkes Gottesbild steht, also Gott als Richter gesehen wird, dann vertritt Maria die mütterliche Seite. Eigentlich ist Maria ein Prisma für Gott. Sie ist keine Göttin, da muss man aufpassen, sondern sie verkörpert das Geheimnis, dass Gott Mensch geworden ist durch eine Frau. Die Marienfeste sind alle mehr oder weniger optimistische Feste über den Menschen. Zu Zeiten Johann Sebastian Bachs gab es in der lutherischen Kirche noch Gottesdienste an Mariä Lichtmess und an Mariä Heimsuchung, zu denen Bach Kantaten geschrieben hat. Aber ich muss zugeben, dass es in der katholischen Kirche natürlich Formen aggressiver Marienverehrung gibt, die unangenehm und oft sehr konservativ und infantil sind.

Nikolaus Schneider

Dem, was Sie sagen, kann ich nur zustimmen. Und diese Marienbilder trennen Luther nicht von den protestantischen Kirchen. Die sind theologisch für mich völlig unproblematisch.

Allerdings hat Marienfrömmigkeit für mich dann doch wieder etwas mit Identitätsbildung oder Milieu zu tun. Für mich ist Maria typisch für ein katholisches Milieu und dagegen zu sein ist typisch für ein evangelisches Milieu.

Anselm Grün

Ich denke, dass heute in der evangelischen Kirche wieder eine größere Offenheit da ist, gerade bei den Frauen, bei Pfarrerinnen zum Beispiel, die die weibliche Dimension des Glaubens vertreten. Man muss natürlich sehen, dass sich zum Beispiel in Lateinamerika mit der Marienfrömmigkeit solch archetypische Bilder wie »Mutter Erde« und all die Muttergöttinnen mit hineingeschlichen haben. Darin zeigt sich dann wieder ein typisch katholisch-evangelisches Problem. Karl Barth sagt: »Der reine Glaube und nicht die Religion.« Aber für mich steht da eine Weisheit dahinter, wenn in der religiösen Praxis solche archetypischen Bilder aufgegriffen werden, selbst wenn dadurch die Gefahr der Verfälschung besteht.

Im sechsten Jahrhundert, als die Kelten, die eine große Naturfrömmigkeit gehabt haben und Christen wurden, besaß die Kirche die Weisheit, diese nicht abzuschneiden – im Gegensatz zur Sachsenmission und Indianermission, wo sie sehr brutal vorgegangen ist. Aber dass sie die Naturfrömmigkeit damals integriert hat in den Glauben, also die Naturfrömmigkeit der Kelten »getauft« hat, ist für mich das Katholische.

Als mich einmal in Taiwan ein evangelischer Pfarrer in einem Tempel geführt hat, wo es viele Götter gab, die für verschiedene Dinge zuständig sind, hat sich mein Kollege ein wenig lustig darüber gemacht und den Tempel mit einem katholischen Wallfahrtsort verglichen. Der heilige Antonius sei bei Schlamperei zuständig, ein anderer für gute Prüfungen und so weiter. Einerseits besteht natürlich die Gefahr, dass man Dinge vermischt, auf der anderen Seite stellt sich aber die Frage, wie man die Sehnsüchte im Volk, auch christlich aufgreifen kam. Als es zum berühmten Ritenstreit in Asien kam, bei dem es um die Frage ging, wie mit den

Verstorbenen und der Ahnenverehrung zu verfahren sei, war die katholische Kirche auch zu streng, weil sie meinte, die Menschen dort beteten die Verstorbenen an. Doch das ist nur eine Form der Ehrfurcht, die man durchaus auch christlich aufgreifen kann. In der evangelischen Theologie wurde oft zu radikal mit diesem Thema umgegangen. Luther war sicher nicht so, aber zum Beispiel Karl Barth, der einen radikalen Unterschied zwischen Glauben und Religion setzte und Religion total ablehnte.

Nikolaus Schneider

Barth war überzeugt: Religion ist die Selbstvergottung des Menschen. Glaube dagegen heißt, dass Gott uns heiligt. Mit Religion heiligen wir uns selbst und das darf nicht sein. Das hat Karl Barth ganz massiv gegeneinander gestellt.

Anselm Grün

Und das ist für mich zu wenig realistisch für den Menschen. Da nehme ich den Menschen zu wenig ernst.

Nikolaus Schneider

So sehe ich das auch, und ich glaube, wir kommen gar nicht daran vorbei, dass der Glaube sich immer in religiösen Formen äußert. Wer bin ich, sagen zu dürfen, dass Gott nicht auch in anderen als den mir und meiner Tradition bekannten religiösen Formen authentisch sprechen kann?

Ich muss theologisch ernst nehmen, Gott nicht gepachtet zu haben und dass meine Erkenntnis und meine Theologie immer nur Annäherungen und Fragmente sind. Ich muss dafür offen sein, dass Gott sich uns Menschen über für mich unerwartete und fremde Wege nähern kann. In dieser Offenheit finde ich einen Zugang zu anderen religiösen Formen und kann überlegen: Wie passt das zu meiner Tradition? Es geht um das Verbinden, Aufnehmen, Abwägen und dann folgt vielleicht ein Prozess der Aneignung. Ich halte das für ein angemessenes Vorgehen, gerade wenn wir ernsthaft glauben, dass Gott nicht nur in früheren Zeiten, sondern auch gegenwärtig mit der Menschheit unterwegs ist.

Anselm Grün

Und natürlich muss das, was wir von anderen übernehmen, gereinigt werden und nicht einfach wie in der Esoterik vermischt werden.

Nikolaus Schneider

Ich bin ebenfalls dafür, dass wir ernst und wichtig nehmen, was wir an Erkenntnissen und Traditionen in unserer religiösen Beheimatung bereits haben und worin sich unser Glaube gründet. Daran müssen wir anderes und Fremdes überprüfen.

Grundworte der Reformation heute

Angst

Wir wollen nun ein paar Grundworte der Reformation ansprechen, immer mit dem Horizont, von heute her zu fragen, was diese Worte auslösen, wie wir sie heute verstehen und wie wir Luther von heute aus verstehen. Eines der Stichworte ist die Angst. Es ist kein Grundwort der Reformation, denn eigentlich ist es die Freiheit von Angst, für die Luther steht, aber bleiben wir zunächst bei Luthers Angst, seiner Grundangst, die sich in der Frage ausdrückt: »Wie bekomme ich einen gnädigen Gott?« Wie können wir diese Angst heute verstehen, wie können wir Luther verstehen?

Nikolaus Schneider

Ich denke, seine Angst hatte mit der Frömmigkeitsprägung zu tun, die er in seinem Elternhaus erfahren hat. Es war offensichtlich so – jedenfalls nach seinen Selbstzeugnissen –, dass er bei dem Namen Christus erschrak, weil er ihm bedrohlich und wie ein Richter erschien, dem er gar nicht genügen konnte. In einem ganz späten Selbstzeugnis sagte er, dass er Christus und den Begriff »Gerechtigkeit« geradezu hasste, weil ihm klar war, dass er selbst eben nicht gerecht ist und all den Ansprüchen Gottes überhaupt nicht genügen kann. Dass ihn diese Selbsterkenntnis kleinmachte und ihm sein Selbstvertrauen nahm. Also: Wie werde ich Gott gegenüber gerecht? Ich muss es und kann es doch nicht. Diese Angst hat ihn umgetrieben. In seiner Schulzeit hatte Luther offensichtlich schon klösterliches Leben kennengelernt. Jedenfalls hatte er in den Schulen in Magdeburg und in Eisenach Kontakt zu monastischen Gruppen. Das scheint ihn in eine existenzielle Auseinandersetzung mit der Frage: »Wie komme ich in ein Verhältnis zu Gott, das mir meine Angst nimmt?«, gebracht zu haben. Es gab im Mittelalter die Vorstellung, der Weg des Klosters sei ein sicherer Weg zu Gott. *Via securia* war dafür die Formulierung. Ich vermute, diese Vorstellung hatte für Luther durchaus eine gewisse Attraktivität. Als er sich dann bei seinem Studium in Erfurt für eine Wissenschaft entscheiden musste, wählte er auf Wunsch des Vaters die Juristerei. Doch dann hatte er im ersten Semester, nach einem Besuch bei den Eltern, folgendes Erlebnis: In der Nähe des Dorfes Stotternheim kam er in ein Gewitter und ein Blitz schlug dicht neben ihm ein. Dies hat er offensichtlich als Aufforderung eingeordnet, sich Gott nun in expliziter Weise zuzuwenden, und es kam zu seinem berühmten Ausspruch: »Anna, hilf, ich will ein Mönch werden!« Noch im ersten Semester setzte er dieses Gelöbnis in die Tat um und trat bei den Augustinern-Eremiten ein, die ganz intensiv ihre Glaubensregeln lebten. Das war Luthers Versuch, sich seinen inneren Ängsten zu stellen. Er wollte die Ängste, Gott nicht zu genügen, aus der Beziehung zu Gott herauszufallen, der Verdammnis anheimzufallen, dadurch beruhigen, dass er mit seinem Weg als Mönch auf einem »sicheren Weg« zu Gott war. Er selbst hat sein Klosterleben nachträglich als ein ständiges Zweifeln und Selbstpeinigen beschrieben, vermutlich, um das Moment der Befreiung durch die reformatorische Erkenntnis noch mehr zum Leuchten zu bringen.

Luther hat seine Memoria, sein biografisches Andenken, deutlich selbst gestaltet, man muss also kritisch damit umgehen. Es gibt andere Quellen, die von einem durchaus entspannten und guten Klosterleben berichten. Ich denke, das Entscheidende an Luthers Klosterleben war seine Begegnung mit den Beichtvätern. Es waren zwei, einer in Erfurt und später Staupitz in Wittenberg. Der entscheidende Mann war sicherlich Staupitz, der ihm einen Zugang zur Bibel vermittelte, ihn auf Christus aufmerksam machte und der ihn dafür sensibilisierte, dass Gott sich den Menschen in Gnade zuwendet. Das hat Luther wohl erst einmal beruhigt, aber er konnte es im Grunde nicht festhalten. Als er dann Bibeltheologe wurde, kamen zwei Dinge zusammen: einerseits sein existenzielles Ringen und die Seelsorge durch Staupitz, andererseits die theologische Arbeit. In diesem Zusammenhang kam es dann zu seiner Erkenntnis: »Die Gerechtigkeit Gottes heißt nicht, dass ich durch eigene Leistung vor Gott gerecht werden muss, sondern dass Gott mich durch Christus gerecht macht.« In seinem

Zeugnis von 1545 hat er dies noch einmal sehr eindrucksvoll beschrieben. Ich denke, es war das Zusammenkommen dieser Elemente, durch die er seine religiöse Prägung durch das Elternhaus überwinden konnte. Aber eine gewisse Grundangst, die sich dann auch äußerte als Angst vor Anfechtungen durch den Teufel, ist ihm doch geblieben und spiegelt vielleicht auch etwas von einer mittelalterlichen Lebensangst wider. In der damaligen Zeit waren Teufelsvorstellungen und der Tod durch Krankheit, durch Pest, durch Krieg, durch Gewalt und Willkür der Obrigkeiten den Menschen ganz nah und ganz anders gegenwärtig als heute.

Ob die Grundangst bei Luther pathologisch war, wie manche vermuten, ob er einen Hang zur Depression hatte, lässt sich meines Erachtens nicht eindeutig beantworten. Aber dass er sich zeit seines Lebens mit Ängsten auseinandersetzen musste, das wissen wir.

Wie weit ist dieses Problem, das Luther umgetrieben hat, von heutigem Lebensgefühl entfernt? Gibt es dieses Gottesbild in Ihrer Generation nach wie vor, also dieses Gefühl, Gott nicht zu genügen, den Ansprüchen der Religion nicht zu genügen?

Anselm Grün

Natürlich gibt es auch heute noch diese Angst. Ich erlebe es durchaus noch, dass Menschen ins Kloster gehen und meinen, damit könnten Sie alles richtig machen. Es gibt immer wieder Menschen, die Angst haben, dass sie nicht gut genug sind, dass sie in die Hölle kommen. Das ist sicher nicht so verbreitet wie zur Zeit Luthers, aber es ist nach wie vor so, dass Menschen sich selbst ablehnen, sich nicht gut finden. Ich würde zwei Dinge sagen: Zum einen müssen wir die Rechtfertigung allein aus dem Glauben heute natürlich ganz anders übersetzen. Es meint, dass ich bedingungslos angenommen bin, dass ich mir das nicht durch Leistung, durch Rituale und so weiter erkaufen muss. In dieser Hinsicht sind wir Luther dankbar, und das ist auch ganz unsere Theologie. Luther bezieht sich natürlich stark auf Paulus und auf den Römerbrief, aber für mich ist dieses Vokabular der Rechtfertigung zu juristisch. Ich liebe da den Evangelisten Lukas, den Griechen, von dem man auch sagen kann, dass er Jesus als den wahrhaft gerechten Menschen beschrieben hat. Platon sagte vierhundert Jahre vor Christus: »Wie ergeht es einem wahrhaft gerechten Menschen? Man wird ihn aus der Stadt hinaustreiben und blenden und ans Kreuz hängen.« Deshalb sagte der Hauptmann bei der Kreuzigung: »Dieser war der Gerechte.« Und Lukas sieht das wie ein Schauspiel: »Alle, die zum Schauspiel herbeigeströmt waren und sahen, was sich ereignet hatte, klopften sich an die Brust und gingen verwandelt weg.« (Lk 23,48)

Rechtfertigung wird bei Lukas durch Schauen erlangt: indem ich auf diesen gerechten Jesu schaue, werde ich selbst gerecht, richtig gemacht, werde ich gerechtfertigt und fühle ich mich bedingungslos angenommen von Gott. Wenn Jesus seinen Mördern vergibt, dann wird es nichts geben, was er mir nicht vergeben wird. Insofern: Rechtfertigung allein aus dem Glauben ist auf jeden Fall etwas, das uns verbindet, nur ist es wichtig, das heute in neuen Bildern auszudrücken, eben bedingungslose Annahme, Geliebtsein, mein Richtigsein nicht mit Leistung erkaufen zu müssen.

Das andere ist die Frage, ob Luther unter einer Depression litt. Ich würde nicht mit Krankheits-Kategorien kommen, sondern mich hat überzeugt, was Erik Eriksson schreibt: »Luther hat die Drecksarbeit seiner Zeit geleistet«, er hat diese depressive Stimmung seiner Zeit wahrgenommen, und indem er sie spirituell gelöst hat, hat er einen ganz wichtigen Beitrag für seine Zeit geleistet. Heute sieht man, dass depressive Menschen nicht nur kranke Menschen sind, sondern oft sehr sensible Menschen, die auch spüren und wahrnehmen, was in der Gesellschaft nicht gut läuft. Und Luther hat sicherlich die ängstliche Stimmung seiner Zeit – also nicht nur seine persönliche – in sich aufgenommen und damit auch einen heilenden Beitrag für seine Zeit geleistet. Die Rechtfertigung allein aus dem Glauben und nicht durch noch mehr Ablässe, noch mehr Geld, noch mehr Rituale, noch mehr Messen lesen – das war damals die Tendenz: durch noch mehr kann ich diese Angst überwinden –, diese Erkenntnis bleibt auch für uns maßgebend.

Nikolaus Schneider

Das mit der Drecksarbeit finde ich ein schönes Bild. Luther hat selbst mal so ein Bild gewählt, als er sein Verhältnis zu Philipp Melanchthon beschrieben hat. Er hat gesagt: »Ich bin die Wildsau im Unterholz. Ich muss erstmal alles umpflügen. Und dann kommt Magister Philippus und ordnet alles schön in guten Sätzen.« Er hat seine Arbeit also selbst ein Stück weit als »Drecksarbeit« empfunden. Aber noch einmal zur Angst: Ich denke ebenfalls, dass sie nicht nur ein mittelalterliches Phänomen ist. Ängste gibt es auch heute – davor, sich selbst nicht zu genügen, wie Pater Anselm gesagt hat, den Anforderungen des Berufes nicht zu genügen, oder den Anforderungen des Rollenbildes nicht zu genügen. Wir erleben zurzeit einen Erfolg des Populismus in unserem Land, in Europa, in den Vereinigten Staaten. Das funktioniert offensichtlich vor dem Hintergrund von Verlustängsten und Abstiegsängsten ganzer Bevölkerungsgeschichten. Angst ist auch für unsere Zeit ein individuelles und ein gesellschaftliches Thema. Von daher ist von den reformatorischen Hauptworten das Wort der Gnade als eine nachhaltige Antwort auf Lebensängste mindestens so wichtig wie das Wort der Freiheit.

Vielleicht bleiben wir einen Moment bei Luthers Entdeckung, dass er gerechtfertigt ist oder dass er geliebt ist. Wie negativ war damals das Bild vom Menschen? Man sprach ja, damals wie heute davon, dass er Sünder ist. Wie tief prägte diese Aussage damals das Menschenbild?

Anselm Grün

Das Menschenbild war damals sicherlich negativ. Der Mensch ist Sünder, und wenn ich den Menschen vermittle, dass sie Sünder sind und angewiesen auf die Gnadenmittel der Kirche, dann ist es auch eine Absicherung kirchlicher Macht. Ein schlechtes Gewissen zu erzeugen, sagt die Psychologie, ist eine Form von Machtausübung. Das hat die Menschen damals klein gehalten, damit sie zur Kirche kommen, um im Gegenzug etwas zu erhalten. Hier hat die Kirche sich ein Stück weit an die Stelle Gottes gestellt. Gott macht gerecht und nicht die Kirche. Es war also sicher auch eine Form von Machtausübung. Aber es gab im Mittelalter immer wieder Untergangszeiten, Pest, Gewalt, Krieg, das Leben war sehr gefährdet, und die Menschen lebten in ständiger Angst, dass Gott sie straft. Natürlich kam die Angst auch über die religiöse Erziehung. Spiritualität ist immer abhängig von dem ganzen Milieu der Gesellschaft, und dieses war auch von Angst geprägt, von Macht und dem Bestreben, mit Macht jemanden bei der Stange zu halten.

**Für Luther war Gott dieser richtende, dieser strafende Gott.
Ist das im Mittelalter, in seiner Zeit das vorherrschende Gottesbild?**

Anselm Grün

Man darf das nicht verallgemeinern, es gab auch die mystische Strömung, die Gott als gnädigen Gott betrachtet wie es Staupitz und Johannes Tauler taten. Aber ich glaube schon, dass die Angst vor Strafe immer da war, und ich kenne das wie gesagt bei manchen Menschen auch heute noch. Ich sage immer: Das Selbstbild und das Gottesbild korrespondieren miteinander. Wenn heute jemand vom strafenden Gott spricht, argumentiere ich nicht theologisch und sage, in der Bibel stehe aber, dass Gott ein gnädiger Gott sei, denn das betrifft nur den Kopf, sondern ich frage: »Warum hast du es nötig, dich selbst zu bestrafen?« Im Menschen ist immer eine Selbstbestrafungstendenz, weil er glaubt, er sei nicht gut. Und dieses Gefühl, nicht gut zu sein, nicht so sein zu dürfen, zeigt, dass man Angst vor der eigenen Wahrheit hat. Aber Jesus sagt: »Die Wahrheit wird euch frei machen.« Paulus schreibt auch im Epheserbrief: »Alles, was aufgedeckt wird, wird vom Licht erleuchtet.« Viele haben aber Angst vor der eigenen Wahrheit, und daher kommt diese Selbstbestrafungstendenz. Dieses pessimistische Selbstbild ist heute bei vielen Menschen genauso verbreitet, vielleicht nicht in dem Maß wie damals, aber doch sehr weit.

**Die Vorstellung vom Fegefeuer ist uns heute fremd.
Wie kann man das für Menschen heute erklären?**

Anselm Grün

Ich habe da keine Probleme. Es ist immer die Frage, was das für ein Bild ist. Die Lateiner sagen *purgatorium*, das bedeutet nicht »Feuer«, sondern »Reinigungsort«. Das Bild vom Feuer ist typisch deutsch. Natürlich ist damit weder ein Ort noch eine Zeit gemeint, sondern die Begegnung mit Gott. In der Begegnung mit Gott, mit dem lieben Gott, begegne ich auch meiner eigenen Wahrheit, und ich werde erkennen, dass ich zurückgeblieben bin. Jeder bleibt ein Sünder, wie Luther sagt. Aber die Liebe reinigt mich. Das erleben wir auch im Zwischenmenschlichen: Je näher ich einem Menschen komme, desto mehr entdecke ich meine Fehler. Aber die Liebe kann reinigen, und die Begegnung mit Gott ist die Reinigung. Es ist also mehr ein Hoffnungsbild.

Aber die evangelische Theologie hat sich von der Vorstellung eines Fegefeuers ganz verabschiedet.

Nikolaus Schneider

Ob ganz, weiß ich nicht. Die Frage des Gerichtes spielt auch in der evangelischen Theologie eine wichtige Rolle, einerseits biblisch begründet, andererseits aber auch in Verbindung mit der Frage nach der Gerechtigkeit Gottes, also der berühmten Theodizee-Frage. Im 3. Kapitel des 1. Korintherbriefes steht: Wir werden gerichtet nach unseren Werken – wir müssen uns also Gott gegenüber verantworten. Wir werden aber gerettet durch den Glauben, durch Christus. Und Paulus ergänzt: »... aber wie durchs Feuer hindurch.« Daher stammt auch dieses Bild des Feuers. Ich habe es nicht so sehr mit martialischen Bildern von Gericht, Fegefeuer und Höllenqualen. Ich glaube, dass für mich im Angesicht Gottes manches peinlich werden wird, und ich bin ganz froh, wenn Christus mit mir durch diese peinliche Situation hindurchgeht und ich dann durch ihn gerechtfertigt im Angesichte Gottes leben kann. Was evangelische Theologie nicht entwickelt hat, ist eine Lehre über bestimmte Formen von Strafen für bestimmte Vergehen. Und unsere Kirche hat keine Lehre, die besagt, welche Form von Frömmigkeitsübung in welcher Weise gegenüber welchen Vergehen entlastend wirkt. Aber dass wir uns vor Gott für unser Leben verantworten müssen und dass es nach unserem Tod ein Gericht gibt – das sind natürlich alles menschliche Begriffe, wie das alles genau ist, weiß keiner von uns –, in dem Christus uns beisteht, das denken und glauben wir auch.

Anselm Grün

Der deutsche Sozialphilosoph Max Horkheimer sagt, es sei ein Urbe-
dürfnis des Menschen, dass die Täter nicht über ihre Opfer triumphie-
ren. Und Gericht ist für mich keine Drohbotschaft, sondern eine Froh-
botschaft. Gericht heißt, ich werde ausgerichtet auf Gott, Gott richtet
mich auf sich hin aus, und das ist peinlich, denn niemand ist gerecht,
ich muss erst ausgerichtet werden. Aber es besteht die Chance, dass selbst
der Täter ausgerichtet werden kann auf Gott. Zum Thema der Hölle:
Jesus sagt, wer sich dem Gericht entziehe, der sei schon gerichtet. Also:
Wer sich richten lässt, der lässt sich ausrichten auf Gott, und es besteht
die Chance, dass Täter und Opfer zusammenleben können. Wer sich
dem aber verweigert, schließt sich aus. Und dieses Sich-Ausschließen
bedeutet Hölle. Die Hölle ist also eine Möglichkeit. Natürlich hat man
früher solch typische Höllenpredigten gehalten, um Angst zu machen.
Die Kirche sagt, wir müssen mit der Hölle rechnen. Jesus sagt auch,
dass man scheitern kann, das muss man wissen, aber zugleich vermittelt uns der christliche Glaube die Hoffnung, nicht die Gewissheit, aber
die Hoffnung, dass die Hölle leer ist. Die Kirche sagt von den Heiligen,
dass sie im Himmel sind, sie hat aber von keinem Menschen definiert,
dass er in der Hölle ist.

Nikolaus Schneider

Wir sind uns in dem Glauben einig: Wir werden gerichtet, um gerettet
zu werden. Das ist das eigentliche Ziel. Das ist eine ganz wichtige Ausrichtung des Richtens und Urteilens auch im weltlichen Rechtswesen.
Man findet diese Ausrichtung in dem Gedanken der Resozialisation.
Auch das Gefängnis soll Resozialisation leisten, obwohl es häufig genug
genau da versagt. Allerdings glauben und hoffen wir: Mit Christi Hilfe
sind die himmlischen Erfolgsquoten besser als in unserer menschlichen
Gerichtsbarkeit.

Die Aussicht auf das Gericht Gottes hat Luther existenziell geängstigt. Diese transzendente Lebensangst kennen wir heute eigentlich nicht mehr. Die Ängste, mit denen wir uns herumschlagen, sind eher innerweltlich: seinen Beruf nicht zu schaffen, in Beziehungen zu scheitern. Wie breit ist der Graben zwischen unserem Lebensgefühl und dem, was Luther umgetrieben hat?

Anselm Grün

Aus der Begleitung kenne ich schon auch Menschen, die Angst haben vor Verdammung, aber das ist meist krankhaft. Dass diese Angst heute weniger eine Rolle spielt als zur Zeit Luthers, das glaube ich schon. Heute haben wir, wie Sie gesagt haben, Angst davor, den Anforderungen des Lebens nicht zu entsprechen, meiner eigenen Vorstellung von mir nicht zu entsprechen. Natürlich haben wir auch heute noch Angst vor Krankheit und dem Tod, aber wenn ich mir die Angst vor dem Tod genau anschaue, dann ist es weniger die Angst vor der Hölle – das ist bei alten Menschen vielleicht noch da –, sondern die Angst vor Kontrollverlust. Und dann sind wir letztlich wieder beim Gericht. Wir hatten am vergangenen Sonntag die apokalyptische Rede Jesu als Evangelium, in der beschrieben wird, wie alles zusammenbricht. Psychologen sagen, dies sei eine genaue Beschreibung des Sterbeprozesses, wo auch alles verdunkelt wird und das bisherige Lebensgebäude durcheinanderkommt, da kommt all das Verdrängte hoch und das ist »wie durch Feuer gehen«. Im Sterbeprozess kommt das alles hoch und man geht durch das Dunkel zum Licht, und deshalb ist Christus als Begleitung, als Beistand im Sterben auch so wichtig. Jesus sagt: »Euch wird kein Haar gekrümmt werden und wenn ihr standhaft bleibt, werdet ihr das Leben gewinnen.« Dieses Bild der Zuversicht ist durchaus da, aber wenn man die Angst vor dem Kontrollverlust genau anschaut, ähnelt sie der mittelalterlichen Angst, vor Gott nicht genug zu sein. Heute hat man Angst, die Umstehenden könnten entdecken, dass ich doch kein heiler Mensch bin, sondern viel Chaos in mir ist. Es bleibt mir die Angst vor den Menschen. Eine Theologin hat einmal gesagt, heute gehe es weniger um: »Wie bekomme ich einen gnädigen Gott?«, sondern um: »Wie bekomme ich einen gnädigen Mitmenschen, der mich nicht verurteilt?«

Das sehe ich auch so. Es sind heute im Wesentlichen innerweltliche Ängste, die Menschen umtreiben. Für das Erleben der Angst macht das vielleicht gar nicht so einen großen Unterschied im Blick auf das, was die Angst mit mir macht, also dass ich an mir zweifle oder sogar verzweifle. Es gibt einen gesunden Selbstzweifel, eine gesunde Distanz zu sich selbst. Dass ich mit einem kritischen Selbstbild selbstbewusst leben kann, ist durchaus ein Zeichen von Reife. Aber wenn aus Zweifel Verzweiflung wird, wenn ich mich nur noch als Versager sehe, nur noch als einer, der den Ansprüchen nicht gerecht werden kann, der nichts kann, dann zerstört das mein Selbstvertrauen und mein Selbstwertgefühl. Es ist in dieser Hinsicht egal, ob es die Angst des Nicht-Genügens vor Gott oder vor dem Chef oder vor den Mitmenschen oder vor den Idealbildern ist. In der Phase des Sterbens kommt oft aber eine Hoffnungsdimension zur Angst hinzu, das kann ich aus meinen seelsorgerlichen Erfahrungen an vielen Sterbebetten sagen. Nicht Verzweiflung beherrscht die Sterbenden, sondern es kommt die Hoffnung zum Tragen, dass sie Gnade und Frieden bei Gott finden. Ich sehe darin eine Auswirkung einer Theologie, die nun seit längerer Zeit über den gnädigen Gott spricht. Bedrängend bleibt das Sterben. Es ist ein ungeheurer Prozess, wenn wir aus dem irdischen Leben heraustreten. Aber es ist gut, wenn Menschen in diesem Prozess die Hoffnung nicht preisgeben.

Hat da die Predigt gewirkt oder gibt es nicht auch eine starke Veränderung im Menschenbild? Das Mittelalter hatte dieses sehr negative Bild vom Menschen als Sünder, der nichts gilt. Die Moderne ist geprägt von einem größeren Optimismus, sieht den Menschen, der etwas schaffen kann, der mehr Kontrolle hat über seine Welt.

Nikolaus Schneider

Ich glaube, dass es diesen größeren Optimismus gab, im Zuge der Aufklärung und des wissenschaftlichen Fortschritts. Aber ich denke, dass dieser Optimismus mit dem Ersten Weltkrieg sehr gebrochen wurde. Diese Katastrophe und den Terror des Nationalsozialismus verbunden mit dem Zweiten Weltkrieg hat sich keiner so vorstellen können. Das war ein Einbruch an Barbarei und Brutalität, bis in das Leben jeder Familie. Das hat diesen Fortschrittsoptimismus im Blick auf den Menschen nachhaltig gebrochen. Gleichwohl: Das Selbstbewusstsein der Menschen, dass die technisch-wissenschaftliche Zivilisation zu ungeheuren Leistungen in der Lage ist, ist parallel dazu geblieben, bis hin zu Unsterblichkeitsfantasien. Es gibt Menschen, die sich tiefgefrieren lassen in der Hoffnung, dass die Wissenschaft irgendwann in der Lage sein wird, die Sterbeprozesse ganz aufzuhalten oder zumindest so zu verlangsamen, dass sie länger leben können.

Luther sagt von sich, ich bin ein Sünder und ich bin gerechtfertigt, also diese beiden Dimensionen. In seiner Angst empfindet er sich als Sünder, der auf keinen Fall genügt. Wie ist das mit seiner Erfahrung des Gerechtfertigt-Seins: Ändert sich damit sein Selbstbild grundsätzlich oder bleibt er im Tiefsten der Sünder?

Nikolaus Schneider

Er bleibt natürlich Sünder.

Und was heißt das für sein Selbstbewusstsein?

Nikolaus Schneider

Für sein Selbstbewusstsein heißt das, dass er neben seiner Gewissheit gerechtfertigt zu sein auch um seine Grenzen weiß. Luthers letztes Wort kurz vor seinem Sterben war: »Wir sind Bettler, das ist wahr.« Also das bleibt, dass ich als Sünder meine Gerechtigkeit von Gott erbitten muss. Aber das Bewusstsein, dass Gott mir diese Bitte erfüllen will, nimmt mir die Angst und schenkt mir Hoffnung.

Wie übersetzen wir dieses Wort Sünder heute? Gesellschaftlich ist es doch eher ein Fremdwort.

Nikolaus Schneider

Ich übersetze das gerne so, dass ich von der Gebrochenheit des Menschen und von seiner Fähigkeit zum Destruktiven und zum Bösen rede, die das eigene Leben und das Leben anderer Menschen gefährden und zerstören kann. Dieses Potenzial haben wir. Theologisch ist das für mich Ausdruck der Trennung von Gott. Der Sünder ist getrennt von Gott.

Empfinden Sie das auch, Pater Anselm, dass »Sünder« ein Wort ist, das unser Selbstbewusstsein als Zeitgenosse gar nicht mehr trifft?

Anselm Grün

Ja, Sünder ist sicher eher ein Fremdwort. Das griechische Wort *hamartia*, das wir heute als »Sünde« oder »Schuld« übersetzen, bedeutet ursprünglich so viel wie »verfehlen«, also »an sich vorbei leben«. Sie nennen es Gebrochenheit, das ist ein wichtiges Bild. Ich würde sagen, viele haben das Gefühl, ihr Leben würde nicht stimmen, es wäre nicht stimmig, sie würden nicht das leben, was sie von ihrem Wesen her, von Gott her sein könnten. Dieses Gefühl, an sich vorbei zu leben, sein Leben zu verfehlen, auch dieses Jammern, dass das Leben nicht das gebracht hat, ist, glaube ich, schon da. Immer dieses Gefühl, nicht gut genug zu sein, besser sein zu müssen. Auch dieses überhandnehmende Sich-Vergleichen mit anderen, mit dem Ergebnis, dass ich dann aus dem Raster falle und nicht gut genug bin, begegnet mir immer wieder.

Beide Kirchen haben in den 1950er-Jahren Sünde und Schuld sehr in den Mittelpunkt gestellt, und nach dem Konzil in den 1970er-Jahren hat man plötzlich gar nicht mehr von Schuld geredet. Aber Schuld und Schuldgefühle gehören zum Menschen. Die Therapeuten wissen ein Lied davon zu singen, dass jeder Schuldgefühle hat. Die Frage, wie wir angemessen mit diesem Thema umgehen, ist sicher eine Herausforderung, die Luther uns heute stellt. Wir müssen nicht unbedingt die gleiche Sprache wie Luther benutzen, aber wichtig ist, dass wir den Leuten nicht Angst machen, wie es die Kirche damals mit dem Ablass getan hat. Es geht darum, wie ich mich, der ich mich oft als unannehmbar erlebe in meiner Brüchigkeit, in meinem Selbstzweifel trotzdem von Gott angenommen fühlen und mich selbst annehmen kann. Das ist die Grundfrage. Paul Tillich sagt: »Vergebung heißt Annahme des Unannehmbaren.« C. G. Jung betonte einmal, es sei naiv zu sagen, wir könnten der Schuld entgehen, wir werden immer schuldig werden, irgendetwas uns selbst und anderen schuldig bleiben. Bei dieser ganzen Abwehr von Sünde und Schuld darf man aber auch nicht ins andere Extrem verfallen und so tun, als ob wir absolut richtig seien und alles immer positiv sei, denn das stimmt auch nicht.

Die Kirche kann heute kaum unbefangen von Sünde sprechen, weil sie das jahrhundertelang schamlos ausgenutzt hat, um Kapital daraus zu schlagen, um ihr Geld und ihre Macht zu mehren. Andererseits ist die christliche Botschaft untrennbar mit der Erlösungsbedürftigkeit des Menschen verbunden, es bleibt also eine Aufgabe, die Sündhaftigkeit des Menschen im Gespräch zu halten?

Anselm Grün

Es ist sicher wichtig, auch wenn man auf die Bibel schaut: Jesus verkündet zuerst das Heil und heilt die Menschen, dann sagt er: »Geh und sündige nicht mehr«, und: »Ich bin gekommen, um die Sünder zu berufen, nicht die Gerechten«, also die, die spüren, dass sie nicht richtig sind. Aber er spricht von der Sünde im Zusammenhang mit der Gnade. Ich denke, dass der Mensch seine Fehler erst zugeben kann, wenn er zugleich die Erfahrung von Gnade macht, und nicht, wenn man ihn möglichst massiv als Sünder bezeichnet, damit er dann reumütig zur Kirche kommt. Das ist der falsche Weg.

Aber Sünde und Schuld können wir nicht verdrängen. Man darf die frühere Verkündigung über die Sünde nicht nur als verkehrt ansehen, denn diese Rede von Schuld hat auch viele dazu gebracht, sich anzustrengen, ein ordentliches Leben zu führen, das war auch durchaus berechtigt.

Heute würde man allerdings sagen, dass es eine etwas infantile Weise ist, wie wenn Eltern den Kindern sagen: »Gott sieht alles und deswegen lebe richtig.« Man hat das Gute durch Angst erzeugt oder versucht, es zu erzeugen, aber oft führt es dann zur totalen Ablehnung. Die Frage ist, wie ich die beiden Pole Gnade und Sünde heute so verkünden kann, dass ich das Negative nicht verdränge und dass es keine Angst macht, dass aber andererseits keine Wellness-Spiritualität entsteht. Das ist die Kunst.

Nikolaus Schneider

Der Begriff Sünde setzt voraus, dass Menschen auch eine Vorstellung von Gott haben, sonst ergibt er theologisch keinen Sinn. Insofern ist für viele Menschen, die mit dem Begriff »Gott« nichts mehr anfangen können, der Begriff »Sünde« obsolet geworden. Nicht aber Begriffe wie »Schuld« und »Versagen«, ebenso wenig wie die Vorstellung einer ungenügenden, gebrochenen Existenz. Was wir auf der anthropologischen Seite mit dem Begriff »Sünde« zum Ausdruck bringen, ist nach wie vor vermittelbar. Wir haben allerdings die Chance, Menschen noch ganz anders anzusprechen und zu trösten, ihnen Mut zu machen für ein neues Leben, wenn wir darauf verweisen können, dass ihnen Gott gnädig begegnet. Denn Gott als eine Kraftquelle zu erleben, hat eine andere Qualität, als den Erfolg meiner eigenen Bemühungen. Zwar gilt beispielsweise im Fußball, dass nichts motivierender ist als der Erfolg. Die siegende Mannschaft kriegt dann plötzlich einen Lauf, und die Verlierenden verschießen auch die hundertprozentigen Chancen. Aber der Erfolg ist bei meinen Lebensleistungen niemals garantiert. Ich komme mit meinen eigenen Bemühungen und Möglichkeiten immer wieder an Grenzen. Und das ist dann eine im Wortsinn »Wunder-volle« Erfahrung, die Menschen im Vertrauen auf Gottes gnädige Zuwendung machen können: Der Glaube hat die Kraft, mich letztendlich unabhängig von äußerem Erfolg zu machen. In meinem Gottvertrauen habe ich eine Kraftquelle, die mich auch durch die tiefsten Täler hindurch tragen kann. Diese Dimension, die über die menschlichen Grenzen hinausgeht, haben wir nicht, wenn wir »nur« säkular reden. Die Rede von Sünde hat also ihre große Stärke darin, dass sie auch die Rede von Gott und seiner Gnade ermöglicht, und die Rede von der Gnade hat eine Kraft, die eben doch über das hinausgeht, was ich dem anderen mit den säkularen Möglichkeiten etwa der Psychotherapie zusprechen kann.

Anselm Grün

Ich möchte zwei Dinge sagen: Einmal zeigt sich die Sünde heute in der Unfähigkeit, sich selbst anzunehmen. Ständig höre ich: »Ich kann mich nicht annehmen.« Und da ist die Rechtfertigung durch Gott, das Angenommen-Sein von Gott, eine heilsame und befreiende Botschaft. Unsere typische Reaktion auf das Nicht-Annehmen ist die Veränderung. Heute gibt es unzählige Ratgeber-Bücher, besonders aus Amerika, die einem sagen, was man tun muss, um anders zu werden. Das ist so ähnlich wie damals in der Kirche: Damals war es der Ablass, jetzt sind es die Ratgeber-Bücher.

Nikolaus Schneider

Die Ratgeber-Bücher sind der moderne Ablass.

Anselm Grün

Ich möchte Gnade nun in einer anderen Begrifflichkeit sehen. Ich sage immer, die christliche Botschaft ist die Verwandlung. Verwandlung heißt: Ich würdige mich, wie ich geworden bin, das darf sein, es ist so, wie es ist, aber ich bin noch nicht der Mensch, der ich von Gott her sein könnte. Dann halte ich meine Wirklichkeit Gott hin. Indem ich meine Brüchigkeit, meine Ohnmacht, meine Selbstablehnung Gott hinhalte, vertraue ich, dass seine Gnade hineinfließt. Gott verwandelt mich. Thérèse von Lisieux hat das Bild gebraucht, dass Wasser immer den tiefsten Punkt sucht, und damit hat sie die Gnade Gottes gemeint. Ich stelle das auch in den Führungsseminaren fest, die ich halte. Im Grunde geht es um das gleiche Thema, nur nicht für den Einzelnen, sondern für die ganze Firma. Dort gibt es oft Sanierer, die ständig alles verändern wollen und dadurch alles schlechter machen. Man muss auch die Firma erst einmal würdigen. So ist es auch mit der Kirche und mit uns selbst: Wir müssen würdigen, was geworden ist, aber trotzdem müssen wir uns verwandeln, hineinwachsen in die eigene Gestalt.

Das Sich-selbst-Annehmen, ist das in einem rein innerweltlich
therapeutischen Prozess genauso möglich, wie wenn man sich –
wie Sie es gerade beschrieben haben – mit seiner Unvollkommen-
heit Gott und der Gnade öffnet? Oder gibt es da einen qualitativen
Unterschied?

Anselm Grün

Ich sehe schon einen qualitativen Unterschied. Natürlich kann ich psychologisch sagen, du musst dich selbst annehmen und dich von deinen
großen Illusionen verabschieden, aber das ist ein wenig pessimistisch.
Das rein Innerweltliche ist für mich zu pessimistisch. Zu spüren, ich darf
mich selbst annehmen, weil alles durchdrungen wird von Gottes Liebe,
ist für mich noch eine andere Dimension.

Nikolaus Schneider

Ich habe auch großen Respekt vor Psychotherapeuten und Psychologen,
die Menschen begleiten und ihnen helfen, mit sich und ihrem Leben zu-
rechtzukommen und so auch sich selbst anzunehmen. Aber ich sehe auch,
wie viele von dieser Begleitung abhängig werden und von dem, was der
Therapeut zu einem bestimmten Thema sagt. Im Glauben erfahre ich
ein ganz anderes Freiheitsmoment: Gott nimmt Menschen an, damit sie
diese Welt und das eigene Leben als selbstbewusste und befreite Menschen verantwortlich gestalten können. Mir ist wichtig, was Pater Anselm
sagte, dass Menschen durch Gottes Liebe nachhaltig verwandelt werden
können, dass sie neu werden können, dass es Neuanfänge gibt, die uns
in unserem Gottvertrauen ermöglicht werden.

Luthers reformatorischer Durchbruch, die Befreiung von der Angst, die Gewissheit der Rechtfertigung durch Gnade, wie lässt sich das heute erschließen und in Worte kleiden? Gerade wenn wir feststellen, dass die Ängste der Menschen heute andere sind als damals.

Anselm Grün

Wenn Luther sagt: »Simul iustus et peccator« – »Gerechter und Sünder zugleich«, dann würde ich heute sagen: Alles darf sein, es ist so, wie es ist, also nicht dieses ständige Verurteilen, denn das ist auch eine psychologische Erfahrung: Wenn ich gegen etwas kämpfe, entwickle ich eine starke Gegenkraft. Wenn ich gegen meine Angst und meine Brüchigkeit kämpfe, werden sie nur noch schlimmer. Es gilt, sich anzunehmen, sich als Sünder zu fühlen. Es ist so, wie es ist. Aber zugleich soll man darauf vertrauen, dass alles verwandelt wird. Alles kann verwandelt werden, der Sündige kann durch die Gnade verwandelt werden. Das ist die Grundbotschaft, nicht dieses ständige ängstliche und leistungsmäßige Verändern, das den Menschen nur noch mehr überfordert. Insofern ist die lutherische Erkenntnis eine Gnade, eine Erleichterung für den Menschen.

Sie haben gesagt, das stark Juristische der reformatorischen Botschaft, wie sie auch gepredigt wird, behagt Ihnen nicht so. Warum nicht?

Anselm Grün

Das ist mir zu juristisch. Das ist schon bei Paulus so. Die Frage ist, wie wir die frohe Botschaft von Paulus und Luther heute so formulieren können, dass sie die Menschen berührt.

Welches Bild wäre für Sie passend?

Anselm Grün

Eben das Thema »Verwandlung statt Veränderung«. Und das andere Bild: alles, was in mir ist, in die Beziehung zu Gott hinein halten. Nicht alles selbst lösen wollen – das wäre dann wieder das Leistungsprinzip –, sondern sich die eigene Wahrheit anschauen, in aller Freiheit. Jesus sagt: »Die Wahrheit wird euch frei machen.« Ich kenne viele Menschen, die nicht in die Stille gehen können, weil sie Angst haben vor dem, was dann hochkommt. Da kommt nicht die Schuld vor Gott hoch, sondern das Gefühl, das eigene Leben stimme nicht, man lebe an sich vorbei. Die christliche Botschaft ist: Alles darf sein, aber ich halte es Gott hin und werde von Gott angenommen. So erfahre ich Verwandlung, Neuwerdung. Das ist für mich ein wichtiges Bild.

Nikolaus Schneider

In der Pädagogik unterscheiden wir zwischen einer schwarzen Pädagogik und einer ermutigenden, positiv verstärkenden Pädagogik. Menschen mit einer schwarzen Pädagogik sagen dir nur immer, was du alles nicht kannst, machen dich klein und sind unaufhörlich hinter deinen Schwächen und Fehlern her, um sie dir aufs Butterbrot zu schmieren oder unter die Nase zu reiben, sodass du ständig merkst: Ich bin ein kleines Würstchen und ein Versager und die anderen sind für mich unerreichbar groß und vollkommen. Schwarze Pädagogik will Menschen klein machen und klein halten.

Eine positiv verstärkende Pädagogik dagegen ermutigt mich in meinen Eigenschaften und Begabungen, die in mir angelegt sind, bei Aktionen, die mir gelingen und die mir die Sicherheit geben: Du kannst das! Ermutigende Pädagogik setzt darauf, dass ich diese positiven Dinge weiter entwickle und weiter fortsetze und dann dadurch auch die nötige Kraft und das nötige Selbstvertrauen gewinne, mich meinen Schwächen und Grenzen zu stellen. Das mag vielleicht auch ein Bild sein für das, was bei Luther passiert ist. Für ihn war Gott zunächst ein Vertreter der schwarzen Pädagogik: Gott, der mich bei meinem Versagen und meinen Sünden behaftet, der mich richtet und kleinmacht und kleinhält. Und dann erkannte er: Nein, das ist ja gar nicht der Gott, den uns das Evangelium bezeugt. Gott nimmt mich liebevoll an, so wie ich bin mit all meinen Schwächen und in meiner Gebrochenheit. Gott richtet mich auf, bringt mich zurecht, sodass ich selbstbewusst und zuversichtlich leben kann.

Heute gibt es eine Reihe starker kollektiver Ängste, etwa vor dem Terrorismus, auch die Angst vor dem Verlust von Wohlstand oder auch vor Veränderung. Es gibt Soziologen, die sagen, wir leben in einer Gesellschaft der Angst. Spricht der reformatorische Zuspruch auch in eine moderne Gesellschaft der Angst hinein?

Nikolaus Schneider

Ja, das denke ich schon. Dieser reformatorische Zuspruch ermutigt den Einzelnen, auch unter den Bedingungen kollektiver Ängste und Infragestellungen nach vertrauensbildenden Maßnahmen zu suchen, die für ihn Ansätze zur Veränderung und zur Verbesserung gesellschaftlicher Probleme bereithalten. Der reformatorische Zuspruch darf meines Erachtens nicht dazu benutzt werden, Leute einfach zu beruhigen, damit sie alles hinnehmen. Stattdessen soll er Menschen ermutigen, auch innerweltlich nach Frieden und Gerechtigkeit zu fragen und in ihren Situationen nach dem Veränderungspotenzial zu schauen, sei es im Blick auf Arbeitsverhältnisse, sei es im Blick auf politische Verhältnisse. Ich würde sagen, das Individuelle und das Gesellschaftliche stehen da in einer Korrespondenz. Theologisch gibt es allerdings einen Unterschied: Die soziale Gerechtigkeit ist nicht die, die mich gerecht macht vor Gott. Für mich ist die soziale Gerechtigkeit eine »Frucht«, die aus unserer Gerechtigkeit vor Gott erwächst. So wie uns der innere Friede, den Gott uns schenkt, nach Frieden in unserer Gesellschaft und zwischen den Völkern suchen lässt.

Anselm Grün

Viele soziale Ängste haben mit der Angst vor dem Fremden zu tun. Das ist heute ganz aktuell, die Angst vor fremden Menschen, vor Flüchtlingen, aber auch allgemein vor dem Fremden, dem, was fremd ist. Arno Gruen hat das Buch »Der Fremde in uns« geschrieben. Für Luther war das Fremde die Sünde, das, was ihn entfremdet, und das kann ich erst anschauen, wenn ich mich bedingungslos angenommen fühle. Dann kann ich im Fremden einen Spiegel für mich sehen: Das alles ist auch in mir. In diesem Zusammenhang ist die Gnade durchaus eine Voraussetzung oder eine Hilfe, mich selbst anzunehmen. Wenn ich mich ganz und gar von Gott annehmen lassen kann, kann ich auch das Fremde, das, was ich bei mir ausschließe, weil es nicht mit meinem Selbstbild übereinstimmt, auf einmal wahrnehmen und annehmen. Insofern ist diese Botschaft von der Gnade oder von der Rechtfertigung des Sünders durchaus eine Hilfe bei unserem Umgang mit dem Fremden, vor dem wir Angst haben. Das sind die fremden Menschen, aber es ist auch das Fremde, das Neue, das Nichtwissen, wo es hingeht. Also einfach zu spüren: ganz gleich, was kommt, es ist immer ein Teil von mir, ich lerne mich darin kennen, aber ich bin von Gott ganz und gar angenommen.

Nikolaus Schneider

Aus dieser inneren Gewissheit erwächst ein bestimmter Umgang mit den gesellschaftlichen Verhältnissen. Ich widerstehe meinen Destruktionskräften, auch wenn ich mit bestimmten gesellschaftlichen Verhältnissen und politischen Entscheidungen nicht einverstanden bin. Ich erkenne, dass gesellschaftliche Verhältnisse nicht dadurch zum Guten verändert werden, dass ich mich oder andere Menschen in die Luft sprenge. Ich achte darauf, dass mein Widerspruch und Widerstand menschenfreundlich bleiben und bei der Veränderung der Verhältnisse nicht Menschen zu Opfern gemacht werden. Ich glaube, das ist gerade für die augenblicklichen Debatten eine ganz wesentliche Dimension.

Glaube

Neben Katholiken und Protestanten ist in den vergangenen Jahren eine dritte »Konfession« herangewachsen und zahlenmäßig etwa gleich groß geworden, das ist die Gruppe der Konfessionslosen. Und auch in den christlichen Konfessionen wächst die Zahl derjenigen, die von sich selbst sagen, dass sie nicht glauben können oder nicht wissen, wie sie glauben können. Es scheint, dass der Glaube heute fraglich geworden ist. Empfinden Sie das auch so?

Anselm Grün

Viele Menschen sagen, sie könnten nicht glauben. Oder sie verstehen unter Glauben, dass sie irgendwelche Sätze glauben müssen. Andere können nicht mehr auf Gott vertrauen, weil sie enttäuscht worden sind, weil vielleicht jemand gestorben ist, der krank war. Wenn ich mit Menschen spreche, die sagen, dass sie nicht an Gott glauben könnten, dann frage ich immer: »An welchen Gott kannst du nicht glauben?« Weil sie oft ganz bestimmte Vorstellungen haben, die sie ablehnen. Und das andere: Ich sage immer: »Du musst nicht glauben, aber probiere es einfach aus. Tu so, als ob es stimmen würde. Zum Beispiel, was im ersten Vers von Psalm 23 steht: ›Der Herr ist mein Hirte, nichts wird mir fehlen.‹ Du musst nicht daran glauben, aber versuche es einfach einmal. Wie geht es dir, wenn du es für wahr hältst, wenn du spürst, dass es stimmt? Dann kannst du sehen, dass der Glaube nichts total Fremdes ist.« Wir leben alle mit Modellen, mit irgendwelchen Voraussetzungen. Der Glaube ist eine Voraussetzung, die uns einfach guttut, die uns menschenfreundlich leben lässt, die uns einen Grund gibt zu leben.

Nikolaus Schneider

Es gibt mindestens zwei Dimensionen, die mir zu den heutigen Problemen mit dem Glauben einfallen. Die eine ist das Weltbild, das sich mit der Aufklärung, mit der wissenschaftlich-technischen Revolution stark verändert hat. Ernst Bloch hat gesagt: »Der Himmel ist eine Republik geworden.« Er wollte damit sagen, die Vorstellung von Gott als dem Herrscher im Himmel sei vielen Menschen einfach nicht mehr zugänglich. Es gibt in der Tat den naturwissenschaftlichen Wissenschaftsbegriff, der sagt: Wir müssen denken und arbeiten als ob es Gott nicht gäbe. Das ist die Voraussetzung für wissenschaftliche Arbeit. Die Religionskritik des Marxismus hat das aufgenommen und gesagt: »Wir haben ein wissenschaftliches Weltbild und gläubige Menschen haben ein magisches Weltbild oder ein vorwissenschaftliches Weltbild.« Und dieser Anspruch, dass das wissenschaftliche Weltbild das allein richtige sei, begegnet uns heute in den neuen Bundesländern noch massiv – geradezu als eine »Errungenschaft«, die Bestand hat, nachdem viele Ideale der DDR sich als Illusion erwiesen haben. Das ist die eine Dimension, die wir heute nicht einfach ignorieren können: Wie setzen wir uns auseinander mit dem Weltbild, das im Zuge von Aufklärung und Naturwissenschaft beherrschend geworden ist und das zum Teil auch auf die Philosophie und Theologie übertragen wurde. So gibt es auch eine Theologie, in der selbst die Rede von Gott entmythologisiert wird und man Transzendentes im Grunde gar nicht mehr akzeptiert. Also selbst in Theologie und Kirche haben wir diesen Trend zur rational-wissenschaftlichen Weltdeutung, die scheinbar keinen Platz lässt für die Frage nach Gott.

Die andere Dimension ist eine existenzielle: Der Umgang mit Leid und die Frage nach einer von Gott erwarteten Gerechtigkeit wird verdichtet zu der sogenannten Theodizee-Frage: »Ich kann nicht an einen Gott glauben, der all das Leid und Unrecht und Elend auf der Welt zulässt. Wenn es Gott wirklich gäbe, dann müsste er doch eingreifen, das dürfte doch alles nicht sein.«

Das sind die beiden Dimensionen von Glaubenshindernissen, die ich heute verstärkt erlebe. So hat man im Mittelalter nicht gedacht. Zu dieser Zeit war es völlig klar, dass Gott als der Schöpfer und Weltenlenker da ist.

Damit müssen wir uns heute in Theologie und Kirchen auseinandersetzen. In meiner Zeit als rheinischer Präses habe ich an Gesprächen von Theologen mit Naturwissenschaftlern teilgenommen, bei denen ich die erstaunliche Erfahrung machte, dass Physiker und Biologen von sich aus sagten: »Wir haben nur eine fachspezifische Erkenntnis, ein Weltbild im

Rahmen unserer Theorie, und was jenseits der Theorie ist, aber durchaus auch Wirklichkeit ist, können wir gar nicht von unserem Standpunkt aus alles umfassend festlegen.« Mit solchen Menschen lohnt sich für mich das Gespräch. Weniger mit Vertretern wie Richard Dawkins, dem britischen Biologen und führenden Vertreter des sogenannten »Neuen Atheismus«, die behaupten, zu 98 Prozent könne man mit wissenschaftlicher Sicherheit sagen, dass es Gott nicht gäbe. Das ist für mich Scharlatanerie.

Mit fragenden und suchenden Menschen will ich mich auseinandersetzen. Als Glaubende müssen wir uns selbst dabei auch in unseren eigenen Ansprüchen zurücknehmen, demütiger auftreten. Theologie und Kirchen sind in manchen Zeiten so aufgetreten, als hätten sie das Monopol auf Welterkenntnis. Im Umgang mit denen, die an der Theodizee-Frage verzweifeln und deren Gottesbild immer neu an der Realität zerbricht, können wir nur unzureichende logisch-wissenschaftliche Diskurse führen. Hier können wir nur bekennen: Der in Christus Mensch gewordene Gott ist ein Gott, der mit Menschen in Verzweiflung und in Not zusammen geht, der ihnen beisteht. Es ist gerade der Gott der Bibel, der eben nicht hoch im Himmel thront und gefühllos alles beobachtet, was auf dieser Welt passiert, sondern der mit seinen Menschen durch die Tiefen des Lebens geht.

Bei Gesprächspartnern, für die naturwissenschaftliche Methoden und Erkenntnisse quasi zu einer Ersatzreligion geworden sind, will ich dagegen klar ihre Grenzen aufzeigen und sage: »Jetzt reden wir mal wirklich wissenschaftlich! Und dabei erwarte ich, dass du genügend wissenschaftskritisch bist, um die Methodengrenze, also die Begrenztheit jeder Fachwissenschaft durch die von ihr benutzte Methodik zu erkennen.«

Ist diese Schwierigkeit zu glauben heute nur eine Frage der Sprache und des Zugangs, wie man Glauben vermittelt, oder halten Sie es, Pater Anselm, auch für gegeben, dass heute grundsätzlich der Zugang zu dieser Welt des Glaubens für viele Menschen versperrt ist?

Anselm Grün

Die Frage ist, was man unter Glaube versteht. Das eine ist, was Luther auch darunter verstanden hat: Glaube als Vertrauen. Sein Vertrauen auf Gott setzen. Es ist eine Ursehnsucht von uns Menschen, Vertrauen in die Welt haben zu können. In die Gesellschaft allein hat man nicht so viel Vertrauen. Da ist es schon eine frohe Botschaft, wenn man vertrauen kann. Das andere ist: Wenn jemand sagt, er könne nicht an Gott glauben und das, was das Credo sagt, dann ist es schon wichtig zu fragen: »Was bedeuten denn diese Sätze?« Sie sagen ja nicht irgendetwas, sondern sprechen vom Geheimnis dieser Welt. Was ist diese Welt? Die Sprache von Gott sagt immer etwas aus über den Menschen, über die Welt und wie wir die Welt sehen. Wir sehen nur äußerlich. Was schauen wir, wenn wir die Schönheit schauen? Was hören wir, wenn wir eine schöne Musik hören? Ist das nur Nervenberuhigung oder ist eine Ahnung von Transzendenz dabei? Wir können Schönheit als Spur Gottes in der Welt begreifen, sodass wir auch darin die Zugänge zum Glauben spüren: Was siehst du da wirklich?

Beim Evangelisten Johannes ist Glauben vor allem ein Schauen, ein tieferes Schauen. Und da würde ich einen Zugang sehen, tiefer zu schauen, nicht nur oberflächlich zu sagen: »Ich habe Gott nicht gesehen.« Das ist plakativ und ziemlich beschränkt. Ich habe mit meinem Bruder, der Physiker ist, das Buch »Zwei Seiten einer Medaille – Gott und die Quantenphysik« geschrieben. Was darin ganz wichtig ist: Die echte Naturwissenschaft, sowohl die Gehirnforschung wie auch die Quantenphysik, ist offen für den Glauben. Sie weiß, dass wir nichts über Gott sagen können, dass Gott eine andere Ebene ist. Die Menschen dafür zu öffnen, ist sicher nicht so selbstverständlich wie früher. Aber ich kann über den Glauben nur mit den Menschen sprechen, wenn ich selbst daran glaube, dass sie sich danach sehnen, glauben zu können. Und wenn Richard Dawkins so aggressiv ist gegenüber einer Glaubenshaltung, dann zeigt es, dass er irgendwo verunsichert ist. Der tschechische Religionsphilosoph Tomás Halík spricht von drei Formen von Atheisten: die Gleichgültigen, die Apatheisten, denen die Frage egal ist, ob es Gott gibt oder nicht; die Aggressiven, die ständig über Gott reden, aber gegen ihn, und dennoch verunsichert sind, und die Suchenden. Mit den Suchenden kann man im Gespräch sein, sie fordern uns heraus, unsere zu engen Gottesbilder loszulassen und offen zu sein für den ganz unbegreiflichen Gott. Ich glaube, dass jeder Mensch eine Sehnsucht hat nach einem Getragen-Sein von etwas Größerem, vom Geheimnis, letztlich von Gott.

Sie sagen, dass letztlich der Mensch im Tiefsten Sehnsucht nach Glauben hat. Es gibt allerdings auch Menschen, die sagen: »Ich glaube nichts, mir fehlt nichts.« Haben die nicht tief genug in sich geschaut oder ist es tatsächlich so, dass Menschen ohne Glauben leben können?

Anselm Grün

Auf der einen Seite stimmt das, auf der anderen Seite zweifle ich es an. Wenn einer sagt: »Mir fehlt nichts«, was ist das für ein Menschenbild? Ein sehr reduziertes Menschenbild.

Nikolaus Schneider

Ich bin ebenfalls nicht besonders beeindruckt von solchen Aussagen, weil es immer auch Momentaussagen sind. Wenn ich so etwas höre, denke ich immer: »Warten wir mal ab, was du in zehn Jahren sagst.« Denn Glaube ist etwas Lebendiges, Glaube ist ein Beziehungsgeschehen. Man kann durchaus Analogien zu zwischenmenschlichen Beziehungen bilden, das heißt der Glaube kann mal stark, mal schwach sein, er kann Anstoß nehmen an verschiedenen Dingen, er kann aufgrund bestimmter Erfahrungen auch zerbrechen. Und manchmal bildet man sich eben ein, man brauche keine Beziehungen.

Für mich ist das Entscheidende am Glauben genau diese persönliche Beziehungsebene. Das schließt das Nachdenken und Reflektieren nicht aus. Aber entscheidend dafür, dass ein Mensch sagt »Ich glaube«, ist, dass er eine Beziehung empfindet, dass er eine vertrauensvolle Beziehung zu Gott hat. Das ist für mich der entscheidende Punkt, und das können wir als Kirche nicht herbeiführen, sondern als Menschen in der Kirche nur selbst als Zeuginnen und Zeugen dienen. Also wir können erzählen, wie es uns mit unserem Glauben ergeht und ergangen ist. Ich denke, das ist ein ganz wichtiger Punkt für Menschen zur Orientierung, um sie dazu zu bringen, sich zu fragen: »Moment, wie ist das denn bei mir?« Und dann können sie ihren ganz eigenen Weg zu einem Gottvertrauen suchen und hoffentlich finden, das sie auch in unsicheren und leidvollen Zeiten trägt.

Ich bin davon überzeugt, dass grundsätzlich jeder Mensch eine Beziehung zu Gott haben kann. Schöpfer und Geschöpf stehen in einem Ich-Du-Verhältnis, das ist das Evangelium, also die »frohe Botschaft«, die Jesus Christus uns nahegebracht hat. Und der Punkt ist, dass dieses Ich-Du-Verhältnis zwischen Gott und Mensch von uns als vertrauensvoll und heilsam erlebt und einladend zur Sprache gebracht wird. Ob das früher so viel leichter war, weiß ich nicht. Vielleicht sind die Voraussetzungen ein bisschen leichter, wenn jeder sagt: »Klar gibt's Gott.« Aber das alltägliche Leben der Menschen, das sie im Mittelalter bewältigen mussten mit großen und kleinen Katastrophen, machte ihnen das Gottvertrauen auch nicht einfach. Und in diesem Zusammenhang war die Frage des Glaubens auch damals eine Herausforderung.

Aber diese Situation, die Sie beschrieben haben: Was bedeutet sie für das Wort Luthers »Allein aus Glauben«? Wenn man diesen Satz gleichsam umdreht, erschließt sich dann die Erfahrung der Gottesnähe und des Aufgerichtet-Seins nur für den, der glaubt, der glauben kann? Es gibt ja viele Menschen, die Glauben gar nicht mehr kennen gelernt haben, die in zweiter, dritter Generation ohne Glaube aufwachsen in ihren Familien. Was bedeutet dann der Satz »Allein aus Glauben«? Wie kann man mit dem heute umgehen?

Anselm Grün

Ich würde den Satz schon in die Situation von Luther stellen, »allein aus Glauben gerechtfertigt«. Darum geht es. Wenn ich sage: »Alleine der Glaube macht glücklich und alle anderen sind unglücklich«, dann ist es eine Übertreibung, dann stelle ich mich über die anderen. Aber »allein aus Glauben« bedeutet, ich muss mich nicht selbst rechtfertigen, sondern der Glaube sagt mir, dass ich gerechtfertigt bin.

Vielleicht noch ein anderer Ansatz, ein psychologischer Ansatz: C. G. Jung sagt, es komme darauf an, auf die Weisheit der Seele zu trauen, und die Weisheit der Seele wisse, dass es mehr gebe, also dass der Mensch nicht alleine ist, sondern dass Gott etwas Größeres ist als das, was man erklären kann. Natürlich kann man sagen, das sei nur ein psychologischer Trick, um besser leben zu können. Aber Jung sagt: Traue ich der Weisheit, die wie ein Instinkt ist, oder versuche ich, sie mit vielen rationalen Begründungen außer Kraft zu setzen? Dann werde ich jedoch abgeschnitten von meiner eigenen Seele und das tut der Seele letztlich nicht gut. Für Jung ist es gesund, an Gott zu glauben. Er meint, im Traum gibt es keine Atheisten, im Traum hat jeder Bilder von Gott.

Nikolaus Schneider

Also da stimme ich völlig zu, dieses »Allein aus Glauben« hat eine ganz spezifische Zuspitzung bei Luther. »Allein aus Glauben« hat bei ihm die Bewegung Gottes zum Menschen im Blick, nämlich die Bewegung seiner Gnade zu uns. Der Glaube, dass uns durch Christus diese Gnade vermittelt wird, ist unsere menschliche Antwort auf Gottes Bewegung. Das, so denke ich, ist Luthers Zuspitzung des »Allein aus Glauben«.

Ich meinte: Kann dieser Satz heute noch diese befreiende Kraft entfalten, die er für Luther hatte, wenn für Menschen der Glaube – oder Gott – an sich fraglich und fremd geworden ist?

Nikolaus Schneider

Das kann man nicht so in den Kategorien »damals – heute« und »befreiend – fremd« schematisieren. Was wir bei Luther entdecken, ist nicht nur eine andere Zeit, sondern auch eine bestimmte biografische Entwicklung. Geprägt von beidem hat Luther seine theologischen Vorstellungen darüber entwickelt, wie das Verhältnis Gott – Mensch zustande kommt, wie es gepflegt wird und wie Menschen darin angenommen und gerechtfertigt – und deshalb glücklich – leben können. Die Grundkonstruktion, dass Gottes Gnade eine vorlaufende Bewegung zum Menschen ist und der menschliche Glaube dann ein darauf antwortendes Vertrauen, also diese Vorstellung finde ich bis heute heilsam und befreiend. Übrigens: Ohne Vertrauen kann ich auch zu anderen Menschen kein beglückendes Verhältnis haben. Bei dieser existenziellen Erfahrung sehe ich einen Ansatzpunkt, auch heute über Gott und Glaube zu reden. Ich denke, dass es einfach zu unserem Mensch-Sein gehört, dass wir offen sind für die

Frage nach einer vertrauensvollen und tragenden Beziehung und dass wir eine Sehnsucht danach haben und dass wir nach Orientierung suchen und uns verorten wollen. Das ist für mich der Zugang für die Rede von Gott. In vielen neueren Übersetzungen der Bibel wird der Begriff »Glaube« durch den Begriff »Vertrauen« ersetzt. Glaube ist im Tiefsten ein Vertrauen auf den Gott, der sich mir zuwendet.

Es gibt zwei Möglichkeiten, wenn man existenzielle Einbrüche erlebt: Entweder man kommt auf das größte Glaubenshindernis, nämlich auf die Frage: »Warum lässt Gott das zu?«, oder man geht in solchen existenziellen Krisen den Weg in den Glauben. Ist die Krise für Menschen heute ein Weg, den Zugang zum Glauben zu finden?

Anselm Grün

Ich habe kürzlich einen Kurs gehalten für verwaiste Eltern, da waren beide Stimmen zu hören. Eine Frau hat gesagt: »Ich bin durch den Tod meines Sohnes erst richtig zum Glauben gekommen, weil ich gemerkt habe, dass ich etwas brauche, das mir Halt gibt, das mir Vertrauen ins Leben gibt.« Bei anderen allerdings ist der Glaube zerbrochen. Ich sage immer: Das Leid zerbricht meine Vorstellungen von mir selbst, von Gott und von meinem Leben. Und wenn ich die Vorstellungen zerbrechen lasse, dann werde ich nicht daran zerbrechen, sondern aufgebrochen für mein wahres Selbst und aufgebrochen für den ganz anderen Gott. Es zerbricht etwas, nämlich der naive Glaube: »Gott ist gut und meint es gut; und wenn ich um etwas bitte, dann erfüllt er mir das auch.« Wenn ich dieses Bild von Gott und das Bild von mir selbst zerbrechen lasse, werde ich aufgebrochen für eine größere Tiefe und ahne, dass ich bei all dem Leid, das ich nicht verstehen kann, trotzdem getragen bin. Das ist dann wieder das Vertrauen, von einer größeren Hand getragen zu sein.

Nikolaus Schneider

Ja, die Krise ist schon auch ein Ort, der für die Glaubensfrage wichtig ist, der also Potenzial enthält sowohl in die eine wie in die andere Richtung. Das ist auch meine Erfahrung. Eine Krise – griechisch *krinein* heißt *unterscheiden, entscheiden* –, hilft auch im Blick auf den Glauben zu klären, was denn nun für mich gilt und was mich trägt. Und das ist aus menschlicher Sicht ein offener Prozess, der in den Glauben hineinführen kann, den Glauben bestärken kann, der den Glauben aber auch abschwächen oder zum Zerbrechen des Glaubens führen kann. Aber ich fand sehr schön, was Pater Anselm gesagt hat: Unser Glaube ist immer auch Reflexion unserer Vorstellung von Gott, unserer Vorstellung von Christus, unserer Vorstellung vom Heil. Und wenn alte Reflexionen und Vorstellungen zerbrechen, öffnet sich ein Weg für Neues. Das ist eigentlich nichts Ungewöhnliches, sondern hat die Geschichte der Kirche durch die Jahrtausende begleitet. Das ist faktisch *semper reformanda* im Blick auf die Einzelnen, also die andauernde Erneuerung des Glaubens.

Ich greife das noch mal auf, Pater Anselm: Sie hatten dieses Bild der Verwandlung als ein Bild dafür genannt, wie man Rechtfertigung beschreiben kann. Diese Verwandlung ist etwas, dem ich mich öffnen muss, das ich zulassen muss. Erleben Sie, dass es Menschen heute schwerfällt, das zuzulassen, weil wir eher gewohnt sind, die Dinge anzupacken, die Dinge selbst zu machen? Sie haben diese Angst vor Kontrollverlust beschrieben. Wenn ich zulasse, dass in mir etwas geschieht, bedeutet das in gewisser Weise, die Kontrolle loszulassen. Erleben Sie, dass es Menschen schwerfällt, das zuzulassen?

Anselm Grün

Natürlich. Diese Tendenz, alles kontrollieren zu wollen, ist auf jeden Fall da. Man will alles, vom Lebensanfang bis zum Lebensende kontrollieren, und alles will man selbst machen. Auf der einen Seite ist es gut, dass ich aktiv werde, auf der anderen Seite ist die Tendenz da, ähnlich wie zur Zeit Luthers, alles selbst in die Hand zu nehmen, indem ich zum Beispiel Geld einsetze.

Glauben heißt aber auch, geschehen lassen, Gott an mir handeln lassen, und darauf zu vertrauen, dass Gott gut an mir handelt, dass er mich verwandelt in die Gestalt, die er mir eigentlich zugedacht hat. Ich stelle beides fest: Auf der einen Seite eine Tendenz, alles selbst machen zu wollen, auf der anderen Seite aber auch die Sehnsucht, dass Gott an mir handelt, dass er mich verwandelt, dass ich nicht alles selbst machen muss.

Wie können Sie Menschen helfen, denen es nicht leichtfällt, das geschehen zu lassen?

Anselm Grün

Ich sage ihnen immer: »Mit deinem Verändern kämpfst du gegen etwas an. Warum lehnst du dich so ab, warum kannst du nicht akzeptieren, dass du so brüchig bist und nicht so ideal, wie du es gerne sein möchtest? Schau die Wahrheit einfach an und bringe sie in Beziehung zu Gott – da geht es wieder um Glaube als Beziehung –, halte es hin und vertraue, dass durch das, was in dir ist, eine Verwandlung geschieht.«

Wie wichtig ist dabei eigentlich die Institution? Man wirft den evangelischen Kirchen oder den Protestanten gerne vor, dass gerade dieser Satz »Allein der Glaube« eine starke Individualisierung zur Folge hat. Man sagt: Ich stehe alleine vor Gott und brauche deshalb die Kirche nicht mehr, ich brauche die Vermittlung, die Institution nicht mehr. Ist da was dran?

Nikolaus Schneider

Ich denke schon, dass mit der Reformation ein enormer Individualisierungsschub verbunden war, vermutlich noch verstärkt durch die Betonung des unvertretbaren Gewissens des Einzelnen. Diese Situation als Luther in Worms vor Kaiser und Reich steht: »Ich bin im Wort Gottes gefangen, im Gewissen gebunden.« Hier wird das Ich sehr stark betont.
Da ist in der Tat eine Skepsis gegenüber Institutionen, die mich an meiner Stelle vertreten wollen. Und eine Skepsis gegenüber dem Anspruch, eine Vermittlung zwischen Gott und Mensch gewährleisten zu können. Von daher ist es eine Folge der Reformation gewesen, dass Menschen größere Probleme entwickelten, sich einer Institution anzuvertrauen und auch Widersprüche zu dieser Institution zu ertragen.

Also wenn wir uns fragen, ob es ein Zerrbild oder vielleicht doch zutreffendes Bild von katholisch ist, am Ende immer zu akzeptieren, was der Papst sagt, so wäre das Zerrbild bei uns, niemals zu akzeptieren, was irgendeine kirchliche Autorität sagt, es sei denn, ich bin selbst die Autorität. Es ist in der Tat ein Problem, mit dem reformatorisch geprägte Kirchen auch bis heute noch kämpfen: Institution zu schätzen, Kirchengemeinschaft solidarisch zu leben, auch Widersprüchliches zu ertragen und mitzutragen. Institutionelle Gemeinschaft zu leben, erfordert immer, sich selbst ein Stückchen zurückzunehmen und nicht zu meinen, nur man selbst habe die richtige und umfassende Erkenntnis und alles, was man nicht versteht, sei falsch. Die innere Kirchenbindung ist im Katholizismus nach wie vor stärker als im Protestantismus.

Das würde die Frage aufwerfen, welche Bedeutung hat die Gemeinschaft, hat die Kirche für den Glauben?

Anselm Grün

Für mich bedeutet dieses »Allein aus dem Glauben«, dass jeder seinen persönlichen Weg gehen muss, da stimme ich Luther zu. Das ist auch wichtig für mich. Ich lebe ja in einer engen Gemeinschaft, einer klösterlichen Gemeinschaft. Und trotzdem: Mein Denken muss frei sein. Meine Beziehung zu Gott ist meine persönliche Beziehung, und die Gemeinschaft ist nicht die Institution, die mir etwas vorschreibt, sondern die Gemeinschaft ist etwas, das mich trägt, das mich herausfordert, meine eigenen Selbstbilder und Bilder von Gott zu hinterfragen und gemeinsam einen Weg zu gehen. Für Benedikt war die Realitätskontrolle immer wichtig. Es gibt Leute, die ganz fromm von Gott reden, aber im Miteinander unmöglich sind. Die Gemeinschaft ist also auch ein Test auf den Glauben, und sie trägt mich. Feste kann man nur gemeinsam feiern. Ostern, Weihnachten kann man nur gemeinsam feiern. Getragen zu sein von der Gemeinschaft ist für mich sehr wichtig.

Das andere ist der Gehorsam der Gemeinschaft gegenüber. Hier geht es mehr um das Thema, sich auf die Gemeinschaft einzulassen. Auch im Gehorsam gilt, dass das Gewissen die oberste Norm ist, aber ich muss damit rechnen, dass andere mir auch etwas zu sagen haben, und ich muss mich zumindest auch infrage stellen lassen. Ich soll nicht einfach akzeptieren, was andere sagen, sondern mich fragen, ob man eine Sache auch anders sehen könnte.

Zumindest diese Frage sollte man stellen und nicht sofort alles mit dem Argument des eigenen Gewissens abtun. Man kann auch zu schnell sagen: »Das ist mein Gewissen, ich kann nicht anders.« Man muss sich genauso infrage stellen lassen von anderen.

Nikolaus Schneider

Das gilt auch für mich: Mein Glaube kann auch nicht ohne Gemeinschaft gelebt werden. Meiner Erfahrung nach wird ein Mensch, der seinen Glauben solitär und nicht in Gemeinschaft lebt, merkwürdig und verrennt sich. Ich brauche Schwestern und Brüder an meiner Seite, die mich korrigieren, die mich ermutigen, die mich weiterbringen, denen gegenüber auch ich mich einbringen kann. Dieser lebendige Austausch des Gebens und Nehmens ist unverzichtbar für den Glauben, weil Glaube für mich ein Beziehungsgeschehen ist.

Die Gemeinschaft mit Gott spiegelt sich auch immer in der Gemeinschaft der Menschen untereinander. Wie bei dem Gebot der Gottesliebe und Menschenliebe geht es hier um zwei Seiten der selben Medaille, die nicht zu trennen sind. Die Gemeinschaft zwischen uns Menschen untereinander ist eine Dimension unserer Gemeinschaft mit Gott. Dazu gehört auch die Gemeinschaft mit den Schwestern und Brüdern im Glauben, die vor uns da waren. Das heißt wenn ich theologisch etwas Neues will, dann muss ich auch begründen, in welchem Verhältnis dies zu dem steht, was die Menschen vor uns theologisch gesagt und gedacht haben. Da kann ich nicht einfach darüber hinweggehen. Diese Dimensionen sind nötig, gerade für uns Protestanten, die das Individuelle und die Unvertretbarkeit des eigenen Gewissens so stark betonen.

Müssen die Kirchen noch stärker werben heute in dieser Zeit der starken Individualisierung und auch der Institutionenkritik, dass Glaube in die Gemeinschaft gehört?

Anselm Grün

Dafür werben kann man eher nicht, aber es vorleben und zeigen, wie wichtig Gemeinschaft ist. Gerade jetzt, wo die Anonymisierung und Individualisierung der Gesellschaft stärker wird, wächst auch die Sehnsucht, dazuzugehören. Zugehörigkeit ist zum Beispiel für Jugendliche ein wichtiges Wort – Zugehörigkeit zu einer Gemeinschaft, zu einer Gruppe, die nicht zu eng sein darf, sondern wo ich auch eine innere Freiheit haben kann, die mich trägt.

Ich denke, das war auch die Faszination der Urkirche, die der Evangelist Lukas vielleicht ein wenig zu ideal beschreibt. Doch die Leute sagten: »Seht, wie sie einander lieben.« Sie waren fasziniert davon, dass es da Menschen gab, die anders gelebt haben. Und auch die Kirche, die Gemeinschaft, gibt ein Zeugnis. Sie ist eine Alternativkultur gegenüber der Szene. Jugendliche schließen sich auch zu einer bestimmten Szene zusammen. Und dass es da eine kirchliche Szene gibt, eine Alternativgruppe, die eine Wirklichkeit lebt, die auch sichtbar wird, das ist, glaube ich, für unserer Gesellschaft auch heilsam.

Freiheit und Verantwortung

Sie haben das Stichwort »Freiheit« schon aufgeworfen. Wir haben die berühmten Sätze von Martin Luther aus seiner Schrift »Von der Freiheit eines Christenmenschen« aus dem Jahr 1520: »Ein Christenmensch ist ein freier Herr aller Dinge und niemandem Untertanen«, und: »Ein Christenmensch ist ein dienstbarer Knecht aller Dinge und jedermann Untertan.« Eine große Spannung, die in diesen Sätzen liegt. Luther selbst hat persönlich und existenziell eine große Freiheitserfahrung gemacht. Wie wichtig ist dieses Erbe der Reformation?

Nikolaus Schneider

Die Spannung, die im Zusammenklang der beiden Sätze beschrieben ist, bestimmt bis heute unser christliches Selbstverständnis und auch unser kirchliches Leben. »Ein Christenmensch ist ein freier Herr aller Dinge und niemandem Untertan« – das ist eine Freiheit, die wir im Glauben gewinnen, weil wir Gott zugeordnet sind. Er ist der einzig absolute Herr und sonst keiner. Alle anderen sind von uns – modern gesprochen – mitbeauftragte Herrschaften. Also wir kommen nicht aus ohne irdische Herren, aber sie bedürfen ihrer menschlichen Legitimation.

Und: »Ein Christenmensch ist ein dienstbarer Knecht aller Dinge und jedermann Untertan« – das ist eine freie Verpflichtung in der Liebe. Das heißt, christliche Existenz ist immer eine Existenz, die auf den anderen bezogen ist und die sich immer fragen muss, wie sie dem anderen dient. Ich finde, diese Dialektik von einer Freiheit, die sich in der Bindung an die Mitmenschen realisiert, als Rahmen christlicher Existenz nach wie vor sehr genial beschrieben.

Diese Dialektik hat im ersten Teil die Worte »niemandem Untertan«. Pater Anselm, steigen da die Katholiken schon aus?

Anselm Grün

Nein, das ist auch wichtig! Für mich hat ein Satz von Paul Tillich große Bedeutung: »Das Kreuz ist das protestantische Prinzip, es protestiert gegen jede Verabsolutierung irdischer Macht.« Und Paulus sagt: »Durch das Kreuz ist mir die Welt gekreuzigt«, das heißt die Maßstäbe der Welt sind durchgestrichen. Ich gehöre Gott, aber keinem Menschen. Also kein Mensch kann über mich verfügen, weder der Papst noch der Abt noch andere Menschen. Das ist das eine: Wir sind frei. Aber die spirituelle Freiheit bedeutet vor allem auch eine Freiheit vom Ego. Ich würde das anders ausdrücken und nicht von »jedermanns Knecht« sprechen, sondern von »Liebe« und »Hingabe«. Freiheit heißt, dass ich mich auch hingeben kann. Ich muss frei sein und mich an nichts binden, sonst ist es keine wirkliche Freiheit. Die Freiheit ist die Freiheit vom Ego. In unserer heutigen Gesellschaft verkünden wir die Freiheit, aber viele Menschen sind nicht frei, sondern schauen ständig, was andere von ihnen denken, wie sie gehandelt werden auf dem öffentlichen Markt und so weiter. Sie sind also immer abhängig von der Meinung der anderen, von der Mode, von dem, was man heute so trägt oder macht. So gesehen ist diese innere Freiheit schon ein wesentlicher Aspekt, den Luther verkündet hat und den auch Paulus und die frühe Kirche immer wieder verkündeten. Leider war dieser Aspekt in der katholischen Kirche immer etwas unterbelichtet, stattdessen hat man lieber die Ordnung und den Gehorsam verkündet.

Aber Freiheit bedeutet auch, frei sein zum Dienen, wie Meister Eckhart es beschreibt: Man soll nicht anhaften, nicht abhängig sein von Dingen, sondern frei sein zur Liebe oder zum Dienst, also zur Hingabe. Leben heißt, sich hingeben, sich in der Arbeit hingeben, sich Menschen hingeben. Und da erlebe ich heute zwei große Tendenzen: Es gibt Menschen, für die ist die Arbeit etwas Fremdes, das immer nur etwas von einem fordert. Aber wenn man sich hingibt an das Fremde, verwandelt das die Arbeit. Dann wird das Fremde zum Eigenen. Oder wenn man sich an andere Menschen hingibt, schafft das Beziehungen. Wer nur auf sich selbst schaut, der isoliert sich, und das ist eine falsche Freiheit.

Nikolaus Schneider

Dem stimme ich zu: Nur auf die eigene Selbstverwirklichung bezogene Freiheit ist eine schädliche und falsche Freiheit. Es gibt eine heute notwendige und sehr moderne Formulierung, die heißt: »Freiheit in Verantwortung«. Bei den Wirtschaftskrisen haben wir Kirchen diesen Gesichtspunkt in unseren sozial-ethischen Stellungnahmen immer ganz stark betont: Wer Teil der Finanzindustrie ist und meint, es sei Ausdruck seiner Freiheit, zu zocken und hauptsächlich sich selbst die Taschen vollzustecken, der sollte nicht von »Freiheit« reden. Das ist Willkür und Despotie. Freiheit muss immer in Verantwortung gelebt werden und zwar gegenüber allen Menschen. Luther hat das mit seiner Formulierung »dienstbarer Knecht« schon sehr stark betont. Man soll seinem Nächsten in Freiheit dienen, dazu soll man die Freiheit benutzen. Und auch hier stimme ich Pater Anselm zu: Man darf dies tun aus dem Geist der Hingabe, der Liebe. Luther selbst sagt das »in der Liebe«, und meint damit die Nächstenliebe. Und diese Bindung der Freiheit an Verantwortung ist überlebenswichtig, gerade in unserer Zeit. Das kann man Menschen heute sehr gut vermitteln.

Also wenn man versucht, Luther zu aktualisieren, und greift sich nur das Stichwort »Freiheit« heraus, dann ist das vielleicht auch etwas missverständlich. Manche beklagen, dass die Dimension der Bindung, die Verantwortung, heute gerne überhört wird. Woran liegt das? Ist das ein falsches Freiheitsverständnis, das in der Aufklärung entstanden ist? Oder sehen wir nur irgendwelche hedonistischen Exzesse und schließen dann darauf, dass alle so sind? Vielleicht leben wir ja viel mehr freie Verantwortung, als wir denken?

Nikolaus Schneider

Ich könnte Ihnen jetzt keine Analyse liefern, woran es im Einzelnen liegt, dass Freiheit von Verantwortung entkoppelt wird. Ich kann eher Phänomene beschreiben. Es gibt so ein ganz kurz gesprungenes Freiheitsverständnis, das darauf hinausläuft: »Freiheit heißt, ich kann tun und lassen, was ich will.« Die Einsicht, dass Freiheit erst aus und in einer bestimmten grundsätzlichen Bindung heraus entsteht, dass Freiheit ohne einen Rahmen keine Freiheit ist sondern Chaos, erfordert schon ein wenig Nachdenken über Freiheit und die Bedingungen des menschlichen Lebens. Aber das anzusprechen, ist nun wiederum auch nicht so kompliziert, weil es der Erfahrung jedes Menschen auch entspricht, dass eine zügellose Freiheit und völlige Willkür einen Menschen unglücklich macht, den Einzelnen wie die Beziehungen und die Gemeinschaft, in denen er lebt.

Aber es gibt eben auch dieses Missverständnis: Freiheit bedeutet Freiheit von Verantwortung und von Bindungen an vorgegebene Rahmenbedingungen. Wenn Sie so wollen, ist die Schöpfung nichts anderes als ein dem Menschen vorgegebenes Bedingungsfeld, für das er Verantwortung trägt. Gott schuf, wenn Sie den ersten Schöpfungsbericht durchgehen, eine Struktur von Tag und Nacht, von festem Land und von Wasser. Und diese Struktur war Voraussetzung für die Entwicklung des Lebens. Ohne dieses Bedingungsfeld gibt es kein Leben.

Das macht schon deutlich: Ein Leben in Freiheit ist ein Leben in Verantwortung für und in einem bestimmten Rahmen, den ich akzeptiere und der gesetzt ist oder den wir Menschen verabreden im sozialen Leben. Wenn man so will, ist die Gabe der Gebote dann gleichsam ein zweiter Schöpfungsakt für ein sozial-verantwortliches Leben in einer Gesellschaft, in der alle wirklich menschenwürdig leben können. Auch hier ist es letztendlich die Bindung an einen Ordnungsrahmen, die eine Freiheit ermöglicht, die Einzelnen und Gemeinschaften guttut.

Wir sind dabei, die Missverständnisse zu identifizieren, die bei dem Stichwort »Freiheit« lauern. Jetzt haben Sie den Rahmen genannt, die Struktur. – Pater Anselm, Sie leben als Mönch natürlich in diesen Strukturen, Sie würden sich sicherlich nicht als unfrei bezeichnen?

Anselm Grün

Bei meiner Begleitung von Ordensleuten erlebe ich natürlich schon, dass bei manchen eine enge Atmosphäre herrscht und sie sich unfrei fühlen. Aber klar ist: Ich kann in einer Gemeinschaft nur leben, wenn ich innerlich frei bin, sonst wird das alles zu eng.

Sie, Herr Schneider, haben von Freiheit in Verantwortung und von Freiheit in Liebe gesprochen. Das Dritte ist Freiheit in Bindung. Viele können sich heute nicht entscheiden, weil eine Entscheidung auch immer eine Bindung mit sich bringt. Es ist heute weit verbreitet, sich nicht für einen Weg zu entscheiden, sondern sich alle Türen offen zu lassen. Doch dann geht das Leben an einem vorbei. Oder Menschen haben Angst, dass eine Bindung zu eng sein könnte. Aber zur Freiheit gehört auch dazu, sich binden zu können, nicht nur in der Partnerschaft, sondern auch in anderen Bereichen des Lebens. Für viele ist Verbindlichkeit ein Horror. Aber wenn alles unverbindlich bleibt, kann auch nichts wachsen, es ist kein Rahmen da, von dem aus etwas erwachsen kann.

Nikolaus Schneider

Ja, ein Moment, das zur Freiheit dazugehört, ist, dass ich der Bindung an dem mir vorgegebenen Rahmen auch zustimme. Als Kind wachse ich in den Rahmen hinein, werde angeleitet und bekomme ihn – auch über Autorität – vermittelt. Ich kann ihn bei meinen Eltern ablesen und kann sie nachahmen, doch dann kommt auch die Phase der Auseinandersetzung. Und der geordnete Raum wird für mich dann zum Freiheitsraum, wenn ich zu seinen Bedingungen und Ordnungen eine eigene Zustimmung finde. Nur dann erlebe ich ihn tatsächlich als einen Freiheitsraum.

Luthers Impuls hat sehr schnell auch im gesellschaftspolitischen Bereich gewirkt, im Sinne von Rebellion, von Aufstand, von Revolution kann man im Grunde sagen. War das schon damals ein Missverständnis? Man hat auch den Eindruck gehabt, Luther ist selbst erschrocken über das, was da aus seinen Schriften herausgelesen wurde und was damit gemacht wurde. Ist das ein Missverständnis gewesen oder ist auch etwas Richtiges darin erkannt worden?

Nikolaus Schneider

Dass Luthers Freiheitsimpuls dazu führt, die vorgegebenen Ordnungen der damaligen Zeit auch kritisch anzuschauen, ist schon eine folgerichtige Konsequenz. Und die Artikel der Bauernschaft in Schwaben waren meiner Ansicht nach durchaus ein richtiger Impuls für notwendige Veränderungen im gesellschaftspolitischen Bereich. Nur konnte man damals – und kann man auch heute – solche Freiheitsimpulse nicht sofort eins zu eins in neue politische Verhältnisse umsetzen. Das sind dann wieder ganz andere Prozesse, die nach anderen Regeln und Bedingungen funktionieren als unsere Vorstellungen vom Gottesreich.

Luther hat das mit der Zwei-Reiche-Lehre erläutert, bei der er auch wieder auf Augustinus zurückgreifen konnte. Das, denke ich, war eine notwendige und richtige Klärung, damit deutlich wurde: im Bereich weltlicher Herrschaft gibt es andere Bedingungen als im Bereich des geistlichen Zusammenlebens. Allerdings spielt das, was wir als Grundprinzipien der Reformation genannt haben, auch eine wichtige Rolle für die Bereiche weltlicher Herrschaft. Menschen, die sich von Existenzängsten befreit und von Gott gerechtfertigt wissen, können und wollen despotische Herrschaft und Willkür nicht einfach akzeptieren. Das heißt der geistliche Freiheitsgedanke gab und gibt durchaus einen Impuls, auch die weltlichen Herrschaftsverhältnisse auf ihr Freiheitspotenzial hin kritisch anzuschauen. Diesen Impuls begrüße ich ausdrücklich, weil ich ihn auch vom Evangelium her für richtig halte.

Anselm Grün

Ich denke, Revolution ist sicher sinnvoll, doch wie die Geschichte zeigt, besteht die Gefahr, dass die Revolutionäre dann zu neuen Herrschern werden und das, was sie bekämpft haben, plötzlich selbst leben. Luther selbst war nicht in dem Sinne Revolutionär, sondern hat dann sogar gegen die Bauern rebelliert. Das Problem war, dass die Kurfürsten seine Lehre übernommen haben, um ihre eigenen Interessen zu leben. Und gegen die war er dann weniger revolutionär, da bestand eher die Gefahr der Untertänigkeit.

Nikolaus Schneider

Das stimmt, denn für Luther galt: Damit Menschen leben können, brauchen sie eine Ordnung, und eine schlechte Ordnung war ihm lieber als das Chaos, das etwa durch die Bauernkriege ausgelöst wurde. Er hat den Fürsten nach ihrer unmäßigen und unmenschlichen Reaktion dann auch ordentlich die Meinung gesagt und sie auf ihre Willkür und ihre Unchristlichkeit aufmerksam gemacht. Er war den Fürsten gegenüber also nicht unkritisch. Nur das Chaos, das durch die Bauernkriege verursacht wurde, war für ihn die weitaus schlechtere Alternative. Deshalb hatte er den Fürsten Mut gemacht, die alte Ordnung wieder herzustellen.

Dass es im weltlichen Leben ohne Gewalt und Gewaltanwendung nicht geht, war Luthers Überzeugung. Das Schwertamt sollte beim Staat beziehungsweise bei den weltlichen Herren sein, und das wollte er nicht in Frage stellen. Aber in diesem Zusammenhang muss man deutlich sagen: Luther ist hier ein Mensch des Mittelalters, gerade im Blick auf seine politischen Einschätzungen und Einmischungen können wir keine modernen Kategorien von Demokratie an ihn herantragen, sonst wird man ihm nicht gerecht.

Kann man Spuren von diesem Freiheitsimpuls auch in der katholischen Kirche entdecken? Würden Sie sagen, Pater Anselm, da hat sich auch etwas bewegt, verändert, durch diesen Impuls?

Anselm Grün

Ja, auf jeden Fall. Ich denke, nach dem Zweiten Vatikanischen Konzil gab es einen großen Freiheitsdrang. Und die Theologen, auch die Heiligen, haben schon immer ihrer inneren Freiheit vertraut. Sie haben sich nicht nur angepasst, sondern sind ihren eigenen Weg gegangen. Sicher stand das Thema »Freiheit« lange Zeit nicht im Mittelpunkt, aber für viele Theologen war es ein ganz wichtiges Thema, wie zum Beispiel für Karl Rahner: die innere Freiheit, Freiheit und Entscheidung, Gewissensfreiheit und all diese Themen.

Die Idee der Freiheit hat auf der evangelischen Seite auch Kirche geprägt. Bis dahin, dass die evangelische Kirche 2006 in einem Impulspapier formuliert hat »Wir sind Kirche der Freiheit.« Bleibt dann für die katholische Kirche »Kirche der Unfreiheit«?

Anselm Grün

Sicherlich nicht. Wenn, dann kann man vielleicht »Kirche der Gemeinschaft« sagen. Gemeinschaft ist sicher wichtig, aber innerhalb dieser Gemeinschaft kann man nur in Freiheit leben. Ich habe bei einer ökumenischen Taufe in Hamburg einmal die Erfahrung gemacht, dass der evangelische Pfarrer viel gesetzlicher war als ich. Ich habe gesagt, ich mache das spontan, bei ihm war viel mehr vorgeschrieben. Vor lauter Verkündigung der Freiheit gibt es dann auch Unfreiheit, und im katholischen Bereich auch beides. Da wurde die Freiheit sicher nicht so betont, aber trotzdem fühlt der Einzelne sich durchaus frei. Ich fühle mich frei in meiner Theologie, und selbst wenn ein Bischof mal Kritik äußerte, war das kein Problem. Ich fühlte mich frei.

Wesentlich ist Ihnen innere Freiheit, aber ich meine: Dass es Strukturen der äußeren Unfreiheit gibt in der katholischen Kirche, ist auch mit Händen zu greifen. Also »Freiheit« ist auf jeden Fall nicht ein kirchengestaltendes Grundwort in der katholischen Kirche.

Anselm Grün

In dieser Hinsicht hat die Kirche sicher noch viel nachzuholen. Hier sind wir wieder beim Thema Macht: Man verschanzt sich hinter der Macht, um Freiheit niederzudrücken. Das war zugegebenermaßen in der katholischen Kirche lange Zeit so, und es gibt nach wie vor solche Tendenzen. Aber wenn ich Priester begleite, erlebe ich auch, dass sie zum Beispiel ihrem Arbeitgeber gegenüber wesentlich freier sind als Arbeitnehmer in der Wirtschaft. Wenn ein Priester nicht völlig verrückte Dinge macht, kann er sehr frei handeln.

Aber in der katholischen Kirche ist das Stichwort »Hierarchie« doch wichtiger als in der evangelischen Kirche. Ist das ein Problem für die Freiheit? Oder sagen Sie, es muss gar kein Problem sein?

Anselm Grün

Es kommt immer darauf an, wie die Hierarchie gehandhabt wird. Damit, dass es eine Struktur gibt, habe ich keine Probleme. Aber natürlich stoße ich mich schon daran und finde es ärgerlich, wenn diese Hierarchie die freie Meinung behindert, so wie es in den 1980er-/1990er-Jahren und auch bis vor zehn Jahren noch war. Man wurde sofort gemaßregelt, und es gab sehr restriktive und freiheitstötende Elemente. Das ist auch wieder die Frage der Macht.

**Freiheit ist ein kirchenprägendes Grundwort, ein reforma-
torisches Grundwort in der evangelischen Kirche. Herr Schneider,
die Hierarchie, also die heilige Herrschaft, haben sie auf jeden Fall
weggefegt ...**

Nikolaus Schneider

Im Sinne von durch Weihe begründete Über- und Unterordnung kann
man das so sagen. Aber bei den Kirchen der Reformation muss auch organisiert werden, wer welche Verantwortung hat, wer welche Aufgabe
hat und wer wem etwas zu sagen hat. Da führt gar kein Weg dran vorbei. In diesem Zuge sind einige Grundprinzipien eingeführt worden.
Eines dieser Grundprinzipien ist etwa das besondere Gewicht der Gemeinde. Das hat Luther selbst schon gemacht, indem er betonte, dass
eine christliche Gemeinde das Recht hat, Pfarrer zu berufen, einzuset-
zen und abzusetzen.

Dadurch, dass während der Reformationszeit kein einziger Bischof
mit der Reformation gegangen ist, mussten sich die neuen Kirchenordnungen an dem Rahmen orientieren, den die Fürsten vorgaben, die die
Reformation geschützt haben. So war dann das jeweilige Herrschafts-
gebiet des Fürsten sozusagen der Orientierungsrahmen für die jeweilige
Kirchenbildung. Die Fürsten wurden so etwas wie Notbischöfe. In den
Gebieten, wo die Fürsten nicht mitgingen, waren die Evangelischen Christen verfolgt und konnten nur als geheime Gemeinden überleben. Das ent-
puppte sich dann durchaus als Stärke. Die Gemeinden dort entwickelten
eine spezifisch reformierte Eigenorganisation. Sie bildeten Verbünde und
lösten Leitungsfragen über Wahldelegationen, Rechenschaftspflicht und
Herrschaft auf Zeit.

Schon in der Reformationszeit wurden Kirchenordnungen geschrieben,
und die waren sehr stark von den Gemeinden aus gedacht. Wenn ich das
mal abgekürzt und sehr plakativ sage, dann heißt das Prinzip dieser Ordnungen: »Entscheidend ist das Volk Gottes. Denn Christus ist gegenwärtig
im Volk Gottes.« Zwar bekennen wir in ökumenischer Gemeinschaft:
Christus leitet die Kirche und sonst niemand. Aber die Frage ist doch:
Wie macht Christus das? Und die reformatorische Antwort ist: Eben

nicht dadurch, dass es eine geistliche Hierarchie gibt, die Leitung und Vollmacht dann per Weihe und Sukzession weitergibt, sondern Christus ist im Volk Gottes gegenwärtig und das Volk Gottes konstituiert Leitung und Macht durch die Prinzipien: kollegiale Leitung, Wahl, Rechenschaftspflicht, zeitliche Begrenzung. Letzteres gilt mehr oder weniger. Es gibt auch im evangelischen Bereich Bischöfe, die bis zur Pensionsgrenze ohne Periodenbegrenzung gewählt werden. Aber eigentlich gilt das Prinzip, dass alle kirchlichen Ämter zeitlich begrenzt sind. In jeder Synode gibt es Rechenschaftsberichte und eine kritische Aussprache dazu. In Bezug auf unsere Kirchenordnungen gibt es ständige Nachfragen: Kann oder muss das eine oder andere korrigiert beziehungsweise reformiert werden? Kirchenleitungen können schwerwiegende Entscheidungen nicht einfach vollziehen, sondern müssen sie den Synoden vorlegen oder vor ihnen rechtfertigen. Wenn es um Fragen der geistlichen Leitung geht, wenn etwa die Verkündigung eines Pfarrers nicht mehr tragbar erscheint und man ihn seines Amtes entheben will, kann das die Kirchenleitung nicht alleine tun. Für solche Entscheidungen wurde mit dem Kirchengericht eine zusätzliche synodale Instanz geschaffen, die diesen Prozess verantwortet. Keine Kirchenverfassung ist mit einer anderen identisch, das ist auch typisch evangelisch. Wir haben unterschiedliche Verfassungen, aber die reformatorischen Grundprinzipien finden Sie in allen.

Also ein ganz rationales Kirchenbauprinzip, wo eben auch in den Gemeinden der Pfarrer gewählt wird und so weiter. Und das ersetzt die Hierarchie, die heilige Herrschaft. Pater Anselm, fehlt etwas im Bau der Kirche, wenn man den Bau so rational macht? Oder wo ist dieser Strom, der in der katholischen Kirche durch die Hierarchie hereinkommt, zu begründen?

Anselm Grün

Meiner Erfahrung nach gibt es zwei Tendenzen: Auf der einen Seite ist es gut, wenn die Gemeinde über den Pfarrer bestimmt. Aber hinsichtlich der Gemeinde stellt sich die Frage: Wer hat die Macht? Da gibt es auch Machtstrukturen! Ich habe evangelische Pfarrer erlebt, die sehr unter einem autoritären Kirchenvorstand gelitten haben, dem irgendetwas nicht gefiel, was der Pfarrer sagte, was durchaus nicht gegen die Lehre war, sondern nur gegen eine bestimmte Meinung. Die Hierarchie ist also manchmal auch ein Schutz, wenn die Gemeinde nicht will, dass der Pfarrer kritisch ist oder irgendetwas sagt. Es kann auch eine Bürgerlichkeit sein, die dann zur Norm wird. Insofern haben beide Tendenzen, die hierarchische und die andere, ihre Schattenseiten. Auf der einen Seite schützt die hierarchische Struktur also den Priester vor Willkür, auf der anderen Seite kann sie manchmal auch autoritär sein, wenn sie zum Beispiel der Gemeinde einfach jemanden zuteilt, der überhaupt nicht passt. Es kommt auch hier immer darauf an, wie etwas gehandhabt wird. Die Weihe allein macht einen Bischof nicht zu einem außergewöhnlichen Menschen. Er muss genauso Führungsaufgaben übernehmen wie ein Bischof in der evangelischen Kirche. Und da ist es leider so, dass man früher gemeint hat, mit der Weihe allein ist jemand schon befähigt, Pfarrer zu sein oder Bischof zu sein. Aber die Weihe allein macht es nicht. Es braucht die menschlichen Fähigkeiten von Führung, von Leitung und von Theologie. Ich denke, die Hierarchie gibt einen gewissen Rahmen und Kontinuität vor. Damit kann ich durchaus leben. Aber es braucht immer auch die Kritik, dass wir diese hierarchische Struktur so handhaben, das sie den Menschen dient und nicht der Macht.

Sie haben die Struktur schon angesprochen, Herr Schneider, machen wir es an Ihrem Beispiel konkret: Sie waren Präses, was eigentlich nur heißt: Vorsitzender. Sie haben mit katholischen Bischöfen zusammengearbeitet, Kontakt gehabt. Haben sie sich manchmal gewünscht, Bischof zu sein?

Nikolaus Schneider

Wenn ich mich als Präses über Äußerungen oder Entscheidungen einzelner Pfarrer meiner Kirche richtig geärgert habe, dann kam manchmal schon der Wunsch nach einer bischöflichen Vollmacht hoch. Denn unsere Pfarrerinnen und Pfarrer sind unglaublich hoch geschützt, wenn sie einmal berufen sind in eine Gemeinde. Man nennt das einen »beamtenähnlichen« Status, und beamtenähnlich heißt in unserer Landeskirche: *besser* als Beamte, weil man Pfarrer nicht einfach versetzen kann. Sie sind in ihrer Gemeinde im Normalfall auf Lebenszeit gewählt und sie sind dem Präses gegenüber nicht weisungsgebunden. Sie haben aufgrund ihrer Erkenntnis der Schrift zu predigen, was sie verantworten können. Es gibt keine lehramtlichen Schreiben, die sagen, das und das ist so und so zu verstehen.

Ich habe einmal ein Schreiben von Kardinal Ratzinger gelesen, damals Chef der römischen Glaubenskongregation, in dem stand: »Es ist zu glauben, dass ...« Da wurde ich allerdings wieder ganz evangelisch. Das ist ein Satz, der für uns völlig undenkbar ist. Aber wenn individuelle Glaubensfreiheit von einem Gemeindepfarrer missbraucht wird, und Sie zusehen müssen, wie eine Gemeinde vor die Hunde geht, würde ich am liebsten auch mal durchgreifen können und sagen: »Du verlässt jetzt diese Gemeinde oder gehst völlig raus aus unserer Kirche.« Das geht aber alles nicht im Präsesamt. In solchen ganz dunklen – aber zum Glück sehr seltenen – Momenten war die Versuchung nah, eine bischöfliche Stellung für besser zu halten.

In der Kirchenordnung meiner Heimatkirche, der Rheinischen Kirche, hat die größte geistliche Vollmacht der Pfarrer in der Gemeinde, dann schon in geringerem Maße der Superintendent, also der leitende Geistliche eines Kirchenkreises; der Präses hat qua Amt dann eigentlich gar keine eigene geistliche Vollmacht mehr. Die Aufgabe des Präses ist, so heißt es: »die Evangelische Kirche im Rheinland in der Öffentlichkeit und gegenüber der Ökumene zu vertreten«.

Im Übrigen sind alle landeskirchlichen Entscheidungen an die Synode gebunden und an synodale Gremien. Da war ich allerdings überall der Vorsitzende. In dieser Hinsicht wurde über das Rheinland immer ein bisschen gespottet, es hieß immer: »das Sultanat Rheinland«. Aber ich hatte als Präses und Vorsitzender auch nur eine Stimme im Kollegium und in den Gremien – konsequentes Kollegialprinzip in der Leitung – eine Stimme, nicht mehr. Allerdings war meine Erfahrung: Wenn man als Präses in einem Gremium sagt: »Liebe Leute, wir kommen hier nicht zu einer einmütigen Einschätzung und Entscheidung, aber bitte macht es so«, dann wird dem im Normalfall auch gefolgt. Aber das dürfen Sie nicht so häufig machen, damit die Loyalität zum Amt und zur Person nicht überstrapaziert wird.

Ich würde gerne neben den kirchlichen Strukturen und wie sich darin Freiheitsverständnisse spiegeln, nochmals auf die innere Seite der Freiheit schauen, die Freiheit eines Christenmenschen. Würden Sie heute sagen, es gibt so etwas wie einen »evangelischen Geschmack der Freiheit« oder einen »katholischen Geschmack der Freiheit«? Gibt es da Nuancen, Unterschiede, wie dieser Begriff »Freiheit eines Christenmenschen« in den Konfessionen jeweils verstanden wird?

Anselm Grün

Die Mystiker waren immer freie Menschen, weil sie auch, ähnlich wie Luther, der Erfahrung getraut haben. Ein Philosoph sagte einmal: »Schauen führt in die Freiheit und Hören in die Geborgenheit.« Also wenn ich glaube und wenn ich erfahre, dann fühle ich mich frei und traue dieser Erfahrung. Das ist, denke ich, der Geschmack der Freiheit bei den Katholiken. Gewissensfreiheit, dass das Gewissen immer noch höher steht als alles andere, aber ...

... Ist das so selbstverständlich: die Gewissensfreiheit als ein wirklich hohes oder höchstes Gut?

Anselm Grün

Nun, der Kölner Kardinal Meisner wollte sie relativieren, manche Bischöfe wollen sie relativieren. Aber in der Theologie ist es zumindest klar. Thomas von Aquin war auch die Autorität, und die Moraltheologen denken alle ähnlich. Aber natürlich muss man sehen: Die römische Theologie hat sich damit schwer getan. Es gab wohl keinen deutschen Moraltheologen, der nicht irgendwo ein Verfahren in Rom hatte, weil man dort auf die Themen Freiheit und Sexualität allergisch reagiert. Es gibt leider diese Tendenzen.

Es gibt jetzt im Moment auch einen Themenbereich, wo diese beiden kritischen Punkte zusammenkommen, die Frage nach den wiederverheiratet Geschiedenen und die Frage, ob diese vor ihrem Gewissen in der Lage sein dürfen, zu entscheiden, ob sie zu den Sakramenten gehen. Wie steht es da mit der Gewissensfreiheit?

Anselm Grün

Papst Franziskus plädiert dafür. Er hat es noch vorsichtig formuliert, weil es vonseiten der konservativen Bischöfe Widerstände gibt. Aber in der Theologie ist klar, dass es auch die Gewissensfreiheit gibt. Die Kirche kann jemandem nicht die Kommunion verweigern, wenn er das Gefühl hat, dass es für ihn stimmig ist. Aber manche Bischöfe meinen, sie können damit Macht ausüben. Die Meinung der Theologie ist anders, und da braucht man einen gewissen Luther, der dann Widerstand leistet und nicht die Angstmache der Bischöfe unterstützt.

Wer ist der Luther im Moment?

Anselm Grün

Da gibt es viele, glaube ich.

Franziskus?

Anselm Grün

Papst Franziskus versucht natürlich den Spagat. Er will die Kirche zusammenhalten und trotzdem spürt er, dass die Kirche mehr Freiheit braucht, weil sie sich selbst, wenn sie an diesem alten System festhält – gerade auf dem Gebiet der Ethik und Moral –, ins Abseits stellt. Denn diese Normen sind im Wandel. Sie sind auch nicht beliebig, das ist wichtig! Es braucht eine Ethik, es braucht eine Moraltheologie. Aber da kann man nichts auf alle Ewigkeit festschreiben. Man muss auch in Bewegung bleiben und fragen, ob etwas noch biblisch ist oder nicht. Natürlich ist der Anspruch

Jesu im Markusevangelium die Unauflöslichkeit der Ehe. Diesem Anspruch muss man sich stellen. Aber Matthäus zeigt schon, dass Markus das Ideal ist, und dass Jesus damit rechnet, dass das Ideal nicht immer durchgehalten wird. Bei Matthäus wird es dann schon gesetzmäßig – aber auch hier gibt es eine Ausnahme: »außer im Fall der Unzucht« (Mt 19,9). Wie diese Ausnahme zu erklären ist, ist eine Frage der Exegeten. Doch die katholische Kirche hat nie diese Ausnahme gemacht und widerspricht dadurch eigentlich der Bibel.

Die Praxis der evangelischen Kirche war für mich auch nicht immer ideal, weil sie manchmal zu liberal war. Die orthodoxe Kirche, in der es eine Trennung gibt, eine Bußzeit und eine Wiederverheiratung, entspricht da mehr meinem Gefühl von Bibel.

Wir waren dabei, den Geschmack der Freiheit zu erkunden, den evangelischen Geschmack der Freiheit ...

Nikolaus Schneider

Diese Emphase, über Freiheit zu reden, ist schon etwas typisch Evangelisches. Bis hin zu dem Überschwang: Wir dürfen und können alles. Dass man, wenn etwas Neues kommt und sich eine neue Herausforderung stellt, immer erst mal sagt: »Dem stellen wir uns, das wollen wir jetzt, das probieren wir jetzt, schauen wir mal, wie wir es hinkriegen«, das ist eigentlich typisch für uns. In der von Bonhoeffer geprägten Formulierung »Der Heilige Geist ist der rechte Zeitgeist« gehen wir offen auf Neues zu, in der Erwartung, dass Gottes Geist uns aus dem, was uns in der Vergangenheit zur Fessel geworden ist, befreit. Weil sich die Zeiten, die Umstände, die Menschen ändern, müssen sich auch unsere theologischen Vorstellungen und Kirchenordnungen ändern. Es ist für mich in der Tat etwas typisch Evangelisches, dieses Moment der Veränderung als Moment der Freiheit in besonderer Weise zu betonen und auf das Bewahren der Strukturen nicht in der Weise das Augenmerk zu richten, wie es manchmal klüger wäre.

Der zeitgenössische Protestantismus in Deutschland kommt mit der Vielheit der Meinungen und Stimmungen und der Pluralität sehr gut klar, sodass man den Eindruck hat, da gibt es wenig Differenz. Wenn man nur hundert Jahre zurückschaut in die Zeit der Monarchie, wo der Protestantismus ganz andere Akzente gesetzt hat – Stichwort »Thron und Altar« –: Gibt es in Sachen Freiheit auch einen richtig starken Lernprozess?

Nikolaus Schneider

Ja, durchaus! In der Nachreformationszeit gab es in den Gebieten der Fürstenreformation, wie schon erwähnt die Ehe von Thron und Altar. In Preußen war das Kultusministerium die Dienststelle für die Kirche. Das Kirchenamt war sozusagen eine Abteilung des Kultusministeriums. Als das dann 1918 aufhörte, wurde erst einmal in theologischen und kirchlichen Kreisen die Weimarer Republik sehr stark abgelehnt. Es war eine Ausnahme, wenn Pfarrer und auch Theologen die Weimarer Republik begrüßten. Wir haben erst lernen müssen, es als Freiheitsgewinn zu verstehen, dass diese Ehe von Thron und Altar aufgelöst wurde. Und dabei spielte die Nazizeit eine entscheidende Rolle, besonders die »Barmer Theologische Erklärung« der Bekennenden Kirche. In dieser Zeit wurde der Staat absolut übergriffig, und der nationalsozialistische Staat versuchte, auch die Kirche gleichzuschalten, und leider Gottes gab es dann auch diese Kirchenbewegung »Deutsche Christen«. Das können wir uns heute kaum noch vorstellen. Die Deutschen Christen waren im Grunde stärker als die »Bekennende Kirche«. Und die nicht naziverseuchten Landeskirchenämter waren die Minderheit. Das alles ist keine Ruhmesgeschichte für die protestantischen Kirchen. Dass unsere Kirchen heute in dieser gesellschaftlichen Freiheit leben und wirken können, weil das Grundgesetz wieder an die Weimarer Reichsverfassung angeknüpft hat, ist schon ein großes Geschenk. Und dass unsere protestantischen Kirchen das demokratische Staatswesen mit seiner geordneten Trennung wie auch Zuordnung von Staat und Kirchen heute durchweg positiv als ein Freiheitsgewinn sehen, ist eine neuere Entwicklung. Wir haben lange gebraucht, um das zu lernen.

Im Hinblick auf die Pluralität der Gesellschaft gibt es in der katholischen Kirche eher so etwas wie die Warnung vor der Diktatur des Relativismus, die Papst Benedikt XVI. ausgesprochen hat. Wie ist die innere Einstellung gegenüber dem Pluralismus?

Anselm Grün

Papst Benedikt hat den Pluralismus durchaus anerkannt, und ich denke, wir sind eine plurale Gesellschaft. Und dass wir auch innerhalb dieser pluralen Gesellschaft unsere Stimme erheben und für Werte eintreten, das, denke ich, ist unsere Aufgabe. Aber wir können nicht mit Moralpredigten den Pluralismus bekämpfen, sondern nur indem wir überzeugend eintreten für das, was uns trägt und von dem wir glauben, dass es für die Gesellschaft gut ist. Wir erleben heute einen Wettstreit der Meinungen, einen Wettstreit der Argumentationen. Wir müssen akzeptieren, dass die Gesellschaft plural ist. Der Relativismus, dieses »alles ist möglich«, ist sicher etwas, das der Gesellschaft nicht guttut. Es gibt auch Grenzen. Die Gebote im Alten Testament waren auch Gebote in die Freiheit. Die Juden haben Gott gepriesen für die Weisheit der Gebote, weil sie ein gutes Miteinander ermöglichen können. Die Frage lautet: Wie können wir heute gut miteinander leben? Dafür braucht es wieder einen Rahmen.

Nikolaus Schneider

So ist es! Pluralität ist evangelischerseits ein durch und durch positiver Begriff. Sie ist geradezu die Bedingung unserer Existenz. Wenn Sie an die Zeit der Reformation denken, war es ein Pluralisierungsschub, dass sich dann verschiedene Kirchen der Reformation herausgebildet haben. Und die Akzeptanz von Pluralität bedeutete, dass diese Kirchen dann wirklich auch in Frieden und Freiheit im Staat und miteinander leben konnten. Solange es den Konformitätsdruck gab, dass sozusagen das eine Reich auch nur eine Kirche und eine Religionsausübung erlauben konnte, war sofort der Druck da, alles Abweichende und alles Plurale zu verdächtigen, beziehungsweise zu bekämpfen und zu verfolgen, und das über lange Zeit. Dieser Spieß wurde protestantisch dann auch wieder umgedreht: Die Altgläubigen mussten Neugläubige werden und kriegten den Druck dann in den protestantischen Gebieten.

Pluralität ist ein Gewinn an Freiheit, das muss man auch im Blick auf unsere heutige Gesellschaft ganz deutlich sagen und unterstreichen. Aber es gibt eben auch Grenzen. Es ist nicht alles egal, sondern wir müssen uns über den Freiheitsrahmen für unsere Werte und Lebensstile verständigen. Dieser Rahmen soll eine bestimmte Pluralität ermöglichen, aber eben auch Grenzen setzen. Denn die reine Beliebigkeit wird am Ende zur Willkür. Und diese Willkür ist dann wirklich die Diktatur der jeweils Stärkeren, der jeweils Rücksichtsloseren, der jeweils Skrupelloseren. Insofern ist der Freiheitsrahmen auch ein Schutzrahmen gerade für Minderheiten und für die, die sich nicht so gut durchsetzen können, nicht so gut artikulieren können, nicht so viel Geld und so viel Macht haben.

Ich würde gern ein Stichwort nochmal aufgreifen, Sie haben es beide schon erwähnt: das Gewissen. Die Freiheit in der Bindung an das Gewissen ist von Luther 1521 auf dem Reichstag zu Worms angesprochen worden. Wir suchen nach den Spuren des Gewissensbegriffes, eben die Freiheit in der Bindung an das Gewissen, in den beiden Konfessionen. Gibt es da Unterschiede? Oder sehen Sie das beide ganz ähnlich?

Anselm Grün

Die Lehre vom Gewissen ist uns, glaube ich, gemeinsam. Thomas von Aquin sagt *conscientia*, lateinisch für *das Mitwissen* oder griechisch *syneidesis*, das ebenfalls das Mitwissen meint, das eine innere Instanz ist, die ein Gespür dafür hat, alles zusammen zu sehen. Für Thomas von Aquin ist das Gewissen vor allem eine Betonung des Personalen, dass also die Person, der Einzelne wichtig ist. Der Einzelne hat ein inneres Gewissen, das er natürlich formen soll. Zur Formung gehört auch die Auseinandersetzung mit den Normen. Ganz gleich, wie die Norm ausfällt, der Mensch muss immer nach seinem Gewissen entscheiden. Das ist auch in der katholischen Kirche die höchste Norm. Dass das von einigen Bischöfen nicht so gerne gesehen wird, dass sie lieber selbst die Normen festlegen wollen, ist eine andere Frage. Aber das ist schon katholische Lehre. Gewissen macht einen natürlich einsam. Dietrich Bonhoeffer hat auch eine Gewissensentscheidung getroffen: Das Gebot »Du sollst nicht töten« und gleichzeitig das Volk zu bewahren vor Hitler, das waren auch zwei verschiedene Gebote. Da muss das Gewissen entscheiden. Und das kann man nicht vor allen begründen. Man kann nur dazu stehen und die anderen haben es zu respektieren. Das ist die offizielle katholische Lehre. Die Praxis ist nicht immer so, das muss ich ehrlich zugeben. Aber ich hoffe, dass sich da die Theologie durchsetzt gegen die Macht-Tendenzen, die es auch immer wieder in der katholischen Kirche gibt.

Gewissensbildung ist dann auch eine durchaus wichtige Aufgabe der Kirche?

Nikolaus Schneider

Ja, natürlich. Die Frage ist nur, wie bildet man Gewissen. Welche Bildung ist für die Gewissensbildung entscheidend? Menschen müssen denken lernen, nicht nur lesen und schreiben, sondern auch ein Textverständnis entwickeln. Sich mit Texten auseinanderzusetzen, sie wirklich zu verstehen und sich differenziert dazu äußern zu können, ist übrigens in unserer augenblicklichen Zeit, die sich mit einem erstarkenden Populismus und einer »postfaktischen« Ignoranz auseinandersetzen muss, wieder ein ganz neues Thema. Dazu gehört auch ein respektvoller und gelassener Umgang mit anderen Meinungen, anderen Lebensstilen und anderen religiösen Beheimatungen. Da kann einer noch so gebildet sein, wenn er aber nur noch aus Angst besteht, weil er sich von Fremdem und Fremden bedroht fühlt, ist es sehr schwer, ihn etwa bei fremdenfeindlichen Ausschreitungen auf sein Gewissen anzusprechen. Das ist auch die Erfahrung des Dritten Reiches, dass hochgebildete Menschen zu Barbaren wurden. Gerade bürgerliche Eliten haben angesichts menschenverachtender Gräueltaten der Nazis versagt, während einfache Menschen, die keine hohe Schul- und Universitätsbildung besaßen, eine ganz andere Achtung vor der Würde des Menschen an den Tag legten und ein Gefühl dafür haben konnten, wo Widerspruch und Widerstand geboten war.

Deshalb sollte Schule mehr sein als Wissensvermittlung. Schule ist auch Persönlichkeitsbildung, und Persönlichkeitsbildung ist Gewissensbildung. Das gilt für die Erwachsenenbildung in gleicher Weise. Besonders Medien spielen dabei eine ganz wesentliche Rolle. Für mich ist Gewissensbildung nichts Statisches, sondern etwas sehr Dynamisches, das auch immer wieder neu von bestimmten Bedingungsfaktoren abhängt. Dabei gibt es durchaus Unterschiede zwischen den »normalen Zeiten«, wie wir sie im Augenblick – noch, muss man fast sagen – hier in Europa haben, in der unser Gewissen im Normalfall nicht so geprüft wird, aber auch Zeiten der Diktatur und Barbarei. Das ist noch einmal eine ganz andere Nummer. Aber auch jetzt gibt es Gewissensfragen. Etwa: Wie verhalten wir uns angesichts fremdenfeindlicher Ausschreitungen? Oder: Wie soll ein Mensch mit herausragender Verantwortung in einem Konzern reagieren, wenn er, um einen Auftrag zu kriegen, Schmiergeld zahlen muss? Das sind Herausforderungen für das Gewissen in unserer Zeit.

Sie haben Situationen der Barbarei erwähnt, in denen das Gewissen herausgefordert ist oder Menschen herausgefordert werden, ihrem Gewissen treu zu bleiben. Es ist im Moment auch so eine Zeit, in der bestimmte christliche Selbstverständlichkeiten im Umgang mit Menschen und die Humanität in der Gesellschaft wieder hinterfragt werden. Das, was man zum Beispiel derzeit bei rechtspopulistischen Bewegungen hört. Haben Sie den Eindruck, dass diese Gewissensbildung und diese Gewissensstärke wieder mehr gefragt sind, auch auf Seiten der Christen?

Anselm Grün

Ja, auf jeden Fall. Ich denke, in unserer Zeit haben die Medien und auch die sozialen Medien eine große Macht. Heute sein eigenes Gewissen zu bilden und dem Innersten zu trauen, ist sicher eine wichtige Aufgabe. Um nicht nach der Mode zu schreien, braucht es eine Gewissensbildung, denn die Gefahr irgendwelchen Schreiern auf den Leim zu gehen, ist wieder sehr groß. Das haben wir im Präsidentschafts-Wahlkampf in den USA gesehen und können es in ganz Europa beobachten. Wir brauchen wieder die Betonung des Einzelnen: »Bilde dein Gewissen und spüre in dich hinein.« Natürlich darf ich Gewissensbildung nicht mit Lust und Laune verwechseln. Gewissensbildung ist eine Verantwortung vor Gott. Dafür muss ich mich auseinandersetzen, muss wirklich in die Tiefe gehen, und mich fragen: »Was glaube ich wirklich, was spüre ich wirklich? Ich kann nicht einfach so nach Lust und Laune handeln oder sagen: »Ich lasse mir von niemandem etwas vorschreiben.« Ich muss auch das Andere immer berücksichtigen und dann im Inneren eine Entscheidung treffen. Und beide Kirchen sollen die Menschen dazu erziehen, mit ihrem Gewissen verantwortlich umzugehen.

Nikolaus Schneider

Gerade in der Flüchtlingsfrage sind wir mit einem Gewissen, das sich an der biblischen Botschaft orientiert, aktuell sehr herausgefordert. Ein »christliches Gewissen« kann es eigentlich nicht geben ohne Bildung im Blick auf Gottes Wort und Willen, die uns in der Bibel bezeugt sind. Die Bibel ist im Alten wie im Neuen Testament ganz klar, was den Umgang mit Fremden und Flüchtlingen betrifft. Gott sei Dank gibt es sehr viele Christenmenschen, die hier ihre Verantwortung wahrnehmen und einer menschenwürdigen Behandlung der Flüchtlinge das Wort reden. Allerdings sehen wir in Europa, auch in unserem Land, das Erstarken neuer rechtspopulistischer und nationalistischer Bewegungen, die Hassparolen, Ausgrenzungen, Spaltungen und Gewalt zur Folge haben. Hier muss unser Gewissen Alarm schlagen und uns merken lassen, dass wir deutlich widerstehen müssen.

Als Christ leben

Von Martin Luther stammt der Satz: »Allein aus Glauben wird der Mensch vor Gott gerechtfertigt.« Luther hat sich damit auch gegen eine Haltung gewandt, die mehr auf die Werke des Menschen einen Schwerpunkt gelegt hat. Trotzdem ist die Frage: Welche Konsequenzen hat der Glaube für das Leben der Gläubigen? Was bedeutet es, als Christ zu leben, Herr Schneider?

Nikolaus Schneider

»Allein aus Glauben« will sagen, als Glaubender öffne ich mich dem Wirken Gottes und lasse Gott an mir wirken. Ich vertraue darauf, dass Gott an mir wirkt. Das ist ein Wagnis und kostet Überwindung, denn der Mensch will eigentlich autonom handeln. Das geht auch mir so. Es gehört zu unserem Erwachsen- und Mündigwerden, die Dinge in die Hand nehmen zu wollen, uns zu ordnen, die Welt zu ordnen. Und das ist auch im Blick auf das biblische Menschenbild etwas Positives. Luther ging es darum zu sagen: »Im Verhältnis zu Gott geht das nicht. Gott kannst du nicht in die Hand nehmen, Gott kannst du nicht ordnen. ›Allein aus Glaube‹ heißt, vertraue dich Gott an, vertraue darauf, dass Gott mit dir etwas macht, dass Gott dich zurechtbringt, dass Gott dich ausrichtet, sodass du dich dann auf dein Leben, auf deine Mitmenschen – wir würden heute ergänzen: auf deine Verantwortung für die Schöpfung –, konzentrieren kannst. Diese Dinge kannst du dann auch autonom in die Hand nehmen. Dies tue aber immer aus der Haltung der Demut heraus, die nämlich weiß, dass du selbst in der Hand Gottes bewahrt und aufbewahrt bist. Und für die Menschen, mit denen du zu tun hast, respektiere, dass auch sie in der Hand Gottes sind.« »Allein aus Glauben« heißt, Gottes Handeln an mir ganz zu vertrauen und mein Leben verantwortlich – also als Antwort auf Gottes Handeln – zu gestalteten.

Pater Anselm, wie hören Sie dieses »Allein aus Glauben«?

Anselm Grün

Paulus sagt – Luther geht von Paulus aus – im Galaterbrief: »Christus hat uns befreit zu dem Glauben, der in der Liebe wirksam wird.« Also auch Luther geht davon aus, dass der Glaube im Verhalten zum Ausdruck kommt. Luthers Kritik ist eben an dieser Werkgerechtigkeit, zu meinen, durch Werke den Lohn Gottes zu bekommen. Und das sehen wir Katholiken natürlich genauso. Es geht nicht darum, etwas für Gott zu leisten. Aber das Leben ist ein Test auf den Glauben. Also ob der Glaube stimmt oder ob der Glaube nur eine Flucht ist vor der Realität, das erkenne ich am Verhalten eines Menschen. Und indem Luther den Beruf auch spirituell sieht, als Berufung, zeigt er, dass der Glaube sich im beruflichen Tun zum Beispiel ausdrücken soll oder in der Art und Weise, wie ich mit Menschen umgehe und wie ich Verantwortung übernehme für die Welt. Da sind wir uns, glaube ich, einig.

Bei diesem »Allein aus Glauben« geht es nur um das Verhältnis zu Gott, um die Rechtfertigung vor Gott. Und ich würde »Allein aus Glauben« so sehen, dass es um Durchlässigkeit geht. Es gibt Menschen, die viel arbeiten, aber ihre Arbeit erzeugt eher Aggressivität. Sie wollen sich selbst in der Arbeit darstellen und etwas vorweisen, wollen etwas leisten, doch dann bringt die Arbeit keinen Segen. Die Arbeit bringt nur Segen, wenn ich durchlässig bin für Gottes Geist. Ich würde Glauben auch als Durchlässigkeit sehen für den Geist Gottes. Dass ich nicht mein Ego in den Mittelpunkt stelle, sondern durchlässig bin. Und wenn Benedikt von »Ora et labora« – »Gebet und Arbeit« – spricht, meint er nicht nur, dass wir Zeiten für Gebet und für Arbeit haben sollen, sondern dass es bei beidem um die Hingabe geht, um die Hingabe zu Gott im Gebet, aber auch um Hingabe in der Arbeit. Viele Menschen erleben die Arbeit als etwas Fremdes und als eine Zumutung. Aber wenn ich mich hingebe, ist auch die Arbeit Gottesdienst.

Das Stichwort »Beruf« möchte ich gern aufgreifen. Beruf als Berufung, Herr Schneider, das klingt für uns heute nicht gerade spektakulär. Aber vielleicht muss man sich noch einmal vergegenwärtigen, welchen Schritt dies bedeutet hat, nämlich im Grunde die Aufwertung des Alltäglichen.

Nikolaus Schneider

Stimmt, das war ein bedeutender Schritt. Es war einer der Grundpfeiler der mittelalterlichen Gesellschaft, dass es auch auf Gott bezogen einen Unterschied gab zwischen den Klerikern und den Laien. Die Kleriker waren die Erwählten, die von Gott Berufenen, die einen höheren, weil Gott näheren Stand hatten. Die Laien standen Gott ferner. Ihre Arbeit diente dazu, das alltägliche Leben zu erhalten, in seiner kreatürlichen Form. Aber die eigentliche Form, das geistliche Leben, das uns mit Gott verband, lag bei den Klerikern. Diese Unterscheidung hat Luther radikal infrage gestellt. Er hat darauf verwiesen, dass die Taufe uns vor Gott radikal gleich macht. Es gibt da diese schöne Formulierung: »Was aus der Taufe gekrochen ist, das ist dann berufen, Papst, Bischof, Priester und so weiter zu werden.« Auch weltliche Berufe, selbst die Arbeit im Stall und die Arbeit in der Küche werden durch die Taufe eine Form des Gottesdienstes, weil aus der Taufe heraus auch das alltägliche Leben in Gottes Hand gesegnet ist und gestaltet wird. Dadurch hat unsere Theologie einen anderen Berufsbegriff bekommen. Und ich denke schon, dass das enorme Auswirkungen hatte, nicht nur auf die Kirche, sondern auf die gesamte Gesellschaft. Eben die Wertschätzung säkularer und im Besonderen auch handwerklicher Arbeit. Aber die Gleichwertigkeit aller Berufe ist leider in gewisser Weise Theorie geblieben. Wir haben in unserer Gesellschaft immer noch eine Höherwertung der geistigen Arbeit und eine nicht so hohe Wertschätzung der handwerklichen Arbeit. Ich weiß noch, dass mein Vater, der mit den Händen gearbeitet hat, mir immer sagte: »Du sollst es mal besser haben und studieren.« Er sah es als einen Moment der Befreiung, dass ich nicht mehr mit meinen Händen am Hochofen schuften musste, sondern dass ich als Akademiker in klimatisierten Räumen arbeiten konnte und auch körperlich nicht so belastet war. Menschen müssen bis heute oft leidvoll erfahren: Körperliche Arbeit wird schlechter bezahlt, weniger geachtet und verbraucht die Menschen geradezu. Auch wenn es im Vergleich zu früheren Jahrhunderten Gott sei Dank besser geworden ist: Wir sind Luthers Ansatz im Blick auf die Gleichwertigkeit der unterschiedlichen Berufe nach wie vor verpflichtet.

Anselm Grün

Im Benediktinischen war die Handarbeit auch immer hoch geschätzt, gerade gegenüber den Römern. Benedikt sagt, die Mönche sollen von der eigenen Hände Arbeit leben und die Ernte selbst einbringen. Allerdings gab es auch im Benediktinischen immer wieder die Tendenz, dass man die körperliche Arbeit den Laien oder den Laienbrüdern überlassen hat und die Kleriker sich wieder als etwas Besonderes sahen. Die Zisterzienser sind dann wieder zurück auf die Handarbeit gegangen. Heute ist es leider so, dass man kaum noch Leute findet für die handwerkliche Arbeit. Wir haben in der Abtei eine Bäckerei und eine Metzgerei, finden aber kaum noch Lehrlinge für diese Berufe, in denen man auch hinlangen muss. Dabei hat der Handwerker doch eine handwerkliche Intelligenz. Die Meisterprüfung erfordert ein hohes Niveau. Wir hatten in unserem Kloster wirklich begnadete Handwerker wie zum Beispiel Bruder Balduin, der mit 82 Jahren immer noch Baumeister war. Das ist schon auch eine Kultur. Und als Cellerar war mir wichtig, mit unseren Aufträgen nicht nach außerhalb zu gehen, auch wenn Ikea-Möbel billiger sind und der eigene Schreiner mehr verlangt. Doch dessen Arbeit ist solide. Mein Schreibtisch hat dreißig Jahre gehalten und mein Nachfolger hat ihn auch wieder genommen, weil er ebenso solide ist.

Nikolaus Schneider

Das finde ich großartig in Ihrer mönchischen Tradition. Aber auch im säkularen Alltag merken Menschen ja, was es bedeutet, wenn eine Sache ordentlich gemacht ist. Leben Sie mal in einem Gebäude, wo Pfusch am Bau war. Da ist die Lebensqualität eine völlig andere, als wenn sauber, ordentlich und verlässlich gearbeitet wurde. Arbeit, die einem selbst und anderen guttut, lässt einen ein Stückchen Einklang spüren mit dem, was Gott in die Schöpfung eingegeben hat.

Die Würdigung des Arbeitens zeigt sich bei den Benediktinern sogar in der Wertschätzung der handwerklichen Geräte, oder?

Anselm Grün

Ja. Zum Beispiel soll der Tischdiener das Gerät waschen und dem nächsten übergeben. Und der Abt soll darauf achten, dass es sorgfältig behandelt wird. Benedikt schreibt ein eigenes Kapitel über die Handwerker, die *artifices*. Der Handwerker ist ja auch ein Künstler. Es gibt drei Bedingungen: Er soll nicht hochmütig sein, er soll die Arbeit nicht benutzen, um sich selbst darzustellen, sondern den Dingen dienen, und er soll nicht betrügen. Das Motto der Benediktiner lautet:»Damit in allem Gott verherrlicht werde.« Das wird explizit im Kapitel über die Handwerker so gesagt. Also in der Art und Weise, wie die Mönche arbeiten, darin wird Gott verherrlicht – damit in allem Gott verherrlicht werde.

Nikolaus Schneider

Das ist genau derselbe Gedanke wie bei Luther, dass der Beruf eben eine Art des Gottesdienstes ist.

Und gibt es bei Benedikt nicht auch diesen Satz, dass die handwerklichen Gegenstände wie Altargerät zu benutzen sind?

Anselm Grün

Ja, dem Cellerar wird gesagt, er solle das ganze Vermögen und die Geräte wie heilige Altargeräte behandeln.

Sie haben die Stichworte Heiligung und Hingabe gebraucht, sprechen vom Beruf als Berufung. Wir haben aber seit Luther die Industrialisierung der Arbeit erlebt. Sie haben das Ruhrgebiet angesprochen, die Maloche am Stahlofen, also das, was man als »Entfremdung« der Arbeit bezeichnet, bei der die Sinnhaftigkeit verloren geht. Heute macht man einen Job, man hat eigentlich selten eine Berufung. Die Menschen, mit denen Sie zu tun haben, wie erleben

sie die Situation heute? Und welche Kraft können Gedanken wie Beruf als Berufung oder Hingabe entfalten?

Anselm Grün

Für mich ist Berufung schon etwas Entscheidendes. Uns beschäftigt heute vielfach das Thema Burnout. Berufung heißt natürlich, von Gott berufen zu sein. Aber wie erfahre ich das? Meine Erfahrung ist: Wenn einer müde wird beim Beruf, ist das immer ein Zeichen dafür, dass er nicht mit seiner inneren Quelle in Berührung ist. Innere Quelle heißt: Als Kind hatten wir einen Lebenstraum, was wir werden wollten, und das ist oft ein Bild von Berufung. Zum Beispiel wollte ich als Kind immer Maurer werden, weil es mich fasziniert hat, etwas aufzubauen, und weil unser Haus Bombenschäden hatte. Dieses Bild von »etwas bauen« ist jetzt aber für mich anders. Nun baue ich mit Worten etwas: ein Haus, in dem Menschen sich zu Hause fühlen können. Aber, und das meine ich mit Berufung, es braucht ein gutes Bild für jeden. Einfach nur einen Job zu machen, raubt einem die Energie, und dann hat man auch keine Lust mehr. Wenn einer im Fluss ist, dann ist er letztlich auch immer in Berührung mit seiner Berufung, mit dem Ruf Gottes. Aber der Ruf Gottes kommt eben nicht nur von oben, sondern auch aus unserem Innersten, wenn wir auf uns hören, was unsere innersten Bilder sind, was uns antreibt und worauf wir Lust haben.

Nikolaus Schneider

Wenn Sie die Industriearbeit ansprechen: Da gilt eine andere Logik. Da gibt es eine Notwendigkeit, die aus dem industriellen Prozess heraus erwächst. Wenn Sie zum Beispiel an einem Hochofen arbeiten, müssen Sie dafür sorgen, dass dieser Hochofen vierundzwanzig Stunden in Betrieb ist. Wenn der mal ausgeht, ist er hinüber. Bei der Kokerei ist es genauso. In diesem Fall müsste der gesamte Ofen neu gebaut werden. Er muss also immer in Betrieb sein. Und das heißt, der biologische Rhythmus des Menschen muss sich den Bedürfnissen des Ofens anpassen, was eine harte Geschichte ist. Schichtarbeit heißt das Thema. Das habe ich zu Hause erlebt. Wenn mein Vater Nachtschicht hatte, sind wir tagsüber auf

Zehenspitzen durch die Wohnung geschlichen, das hatte Auswirkungen auf die ganze Familie. Man merkt, wie sehr ein Mensch in Mitleidenschaft gezogen wird, wenn er nicht mehr seinem biologischen Rhythmus entsprechend leben kann, sondern im Wechsel Frühschicht, Mittagsschicht, Nachtschicht arbeitet. Es wurde dann versucht, das Ganze etwas angenehmer zu gestalten, indem man die Zahl der Mittags- und Nachtschichten reduziert hat, aber im Grunde war es immer noch eine Vergewaltigung des Körpers. Das sind Aspekte, wo es schwer wird für Menschen, nicht müde zu werden über ihrer Arbeit und sich mit ihrem Beruf zu identifizieren.

Wie kann man unter diesen Bedingungen im Sinne der reformatorischen Theologie Berufung leben?

Nikolaus Schneider

Es gibt bis heute »entfremdete« Arbeit, die Menschen verbraucht. Das merkt man besonders eben bei dieser Art der Industriearbeit, bei der Menschen ihren Lebensrhythmus den Bedürfnissen und Bedingungen einer Sache unterwerfen müssen. Manche Menschen besitzen aber die Fähigkeit, auch in einer solchen Arbeit ihre Berufung zu entdecken. Ich habe erlebt, dass Menschen, die solche Arbeit geleistet haben, dann stolz waren auf das, was der Hochofen auch durch ihren Einsatz schaffen konnte. Es ist ja auch gewaltig, Teil dieser industriellen Prozesse zu sein, wenn da Tonnen Roheisen oder Tonnen Stahl fließen. Das hat durchaus etwas Faszinierendes. Mein Vater etwa war schon sehr stolz darauf, dass er dazu beitrug, diesen Prozess am Laufen zu halten. Er arbeitete zu einer Zeit, in der noch nicht alles digitalisiert war. Er schlich um seinen Hochofen herum und hörte an den Arbeitsgeräuschen der Maschine, ob alles in Ordnung war oder nicht. Er wusste dann auch, was zu tun war. Für ihn war es sicher gut, dass er aufgehört hat, bevor alles digitalisiert wurde. Heute wird alles über den Computer gesteuert. Das Erfahrungswissen seines Arbeitslebens hätte durch die Digitalisierung an Wert verloren, was seine Identität empfindlich verletzt hätte.

Ist jede Art von Arbeit, also auch die entfremdete, die nur zum Erwerb des Unterhalts dient, eigentlich in der Lage, dieses Ideal zu erfüllen? Kann jede Arbeit als Gottesdienst verstanden werden? Oder gibt es auch Grenzen?

Anselm Grün

Zunächst zu dem, was Herr Schneider geschildert hat: Ich kann mir gut vorstellen, dass diese Menschen sich mit ihrer Arbeit identifiziert haben. Sie waren stolz darauf. Aber es kommt natürlich auch auf die Gemeinschaft an. Wenn man etwas gemeinsam macht, dann trägt das und hat Sinn. Aber es gibt auch Entfremdungen, wie zum Beispiel in Bangladesch, wo die Leute richtiggehend ausgebeutet werden. Das ist natürlich sehr schwer. Ich kenne aber durchaus Frauen, die am Fließband gearbeitet haben und dabei einfach ihren eigenen Gedanken nachgegangen sind, die ihren Rhythmus gefunden haben. Das ist die Kunst, aus dem Gleichmäßigen etwas Positives zu machen.

Sich nicht entfremden zu lassen, sondern der Arbeit meinen Stempel zu geben, ist in vielen Fällen möglich, hat aber auch Grenzen. Heute ist die Ausbeutung nicht mehr allein körperlich. Gerade durch die Digitalisierung und die Globalisierung sind viele rund um die Uhr verfügbar, und das ist entgegen dem Rhythmus des Menschen. Arbeit braucht ihre Zeit, aber dann muss sie auch aufhören. Wir sehen Führungskräfte, die zum Beispiel in der Informationstechnik tätig sind, die nachts von den Amerikanern angerufen werden, morgens von den Japanern und so überhaupt keine geschützte Zeit mehr haben. Das ist eine Entfremdung des Menschen, die ihm nicht guttut.

Dass die Arbeit einen Ort hat und aber auch die Unterbrechung zu ihrem Recht kommt, dafür steht der Benediktinerorden. Gibt es den Gedanken des »Ora et labora« bei Luther auch schon? Also zu sagen, das ist Arbeit und das ist Ruhe – oder war dieser Rhythmus nicht sein Problem damals?

Nikolaus Schneider

Ich kenne spontan keine Äußerung Luthers, in der er auf diese Rhythmisierung des Lebens Wert legt. Aber Luther war schon während seiner Schulzeit in Verbindung mit mönchischem Leben und war auch von dieser Lebensform geprägt. Dass das Leben einen Rhythmus braucht, wusste er und war ihm klar. Und wie Pater Anselm eben gesagt hat: Wo Arbeit Menschen aufsaugt und ihnen eine Struktur aufprägt, die im Grunde nicht mehr lebensdienlich gestaltbar ist, werden sie zerstört. Das nennen wir Ausbeutung und totale Verfügbarkeit, und das bedeutet wirklich, Menschen ihrer Seele zu berauben.

Es gibt Arbeitsbedingungen, unter denen ein Mensch nicht identisch sein kann. Aber Menschen haben unterschiedliche Bedürfnisse und Fähigkeiten und manche können auch Formen der Arbeit menschenwürdig gestalten, die andere als unmöglich ansehen. Pater Anselm hat das eben sehr schön mit den Frauen am Fließband verdeutlicht. Fließbandarbeit scheint mir für mich auf Dauer unmöglich, vielleicht würde ich mich aber doch damit arrangieren, wenn das die einzig mögliche Arbeit wäre, um meinen Lebensunterhalt zu verdienen. Aber da, wo Menschen die Freiheit geraubt wird, ihre Arbeitsbedingungen mit zu gestalten, wo sie nur noch Teil eines fremd gesteuerten Prozesses werden, der ihre Bedürfnisse niederzwingt, da sind für mich die Grenzen menschenwürdiger Arbeit erreicht. Ich bin ziemlich sicher, dass auch für Luther so etwas mit seinem Ansatz von Arbeit als Berufung unvereinbar gewesen wäre.

Man sagt diesem protestantischen Arbeitsethos auch nach, dass es die Arbeit eigentlich übergewichtet – gerade im Blick auf die Frage nach der Identität, getreu dem Motto: Arbeite und schaffe ordentlich, dann hast du dein Leben im Griff. Ist da etwas dran?

Nikolaus Schneider

Ja, durchaus. Hier kommen zwei Elemente zusammen: Das eine Element ist in der Tat, dass man, wenn die tägliche Arbeit auch eine Form des Gottesdienstes ist, sich und andere nicht von Überarbeitung zu befreien brauchte. Dadurch konnte das Moment des Zur-Ruhe-Kommens, das geistliche, das spirituelle Leben völlig aufgesogen werden von dem Tat-Leben. Es ist eigentlich völlig verrückt, dass ausgerechnet nach der Reformation, die die Werke als Selbstrechtfertigung ablehnt, das geistliche Leben nun plötzlich in den Werken aufging. Aber das hat es gegeben. Das andere Element ist, dass die Reformation auch den Impuls gab: Sorgt dafür, dass Menschen arbeiten können und von dieser Arbeit leben können. Das richtete sich gegen die Bettelei und die Verwahrlosung, auch die öffentliche Verwahrlosung des Lebens. Zusammen laufen diese beiden Elemente Gefahr zu einer neuen protestantischen Form der Werkgerechtigkeit zu führen.

Gehen wir einmal über den Aspekt des Berufes hinaus: Welche Vorstellung hatte Luther eigentlich vom Leben der Gläubigen? Also das, was wir heute Ethik nennen würden. Wie sehr war für ihn klar, welche Konsequenzen aus dem Glauben erwachsen?

Nikolaus Schneider

Er hatte ein schönes Bild. Er sagte, dass aus dem guten Baum gute Früchte erwachsen, und diese guten Früchte sollen dem Nächsten dienen. Das Leben der Gläubigen war für ihn also klar auf ein Leben in Gemeinschaft bezogen. Die Gemeinschaft soll einen Lebensraum konstituieren, in dem jeder Einzelne gut leben kann. Das war seine grundsätzliche Vorstellung. Und daraus abgeleitet gab es dann in der Tat eine Hochschätzung eben der Berufe, die etwas schaffen, das dem Lebensraum der Gemeinschaft dient. Im Grunde war Luther der Meinung, dass die gesamte Ökonomie, also das gesamte wirtschaftliche Leben, genau diesen Ansatz haben sollte. Wozu ist die Wirtschaft da? Nicht zuerst dazu, dass die Kapitalbesitzer reich werden, sondern die Wirtschaft ist da, um Dienstleistungen und Güter zu produzieren, die wir als Mensch zum Leben brauchen. Eine Gewinnausschüttung für jene, die investieren, ist ein Gedanke, der erst ganz am Ende kommt, aber nicht im Vordergrund steht. Ich denke, dass ist nach wie vor ein ganz wichtiger Ansatz, gerade in einer Zeit, in der faktisch die Volkswirtschaft und Betriebswirtschaft zu Leitwissenschaften geworden sind, um das gesamte gesellschaftliche Leben zu ordnen und zu strukturieren.

Die »Wirtschaftsweisen« zur Beratung der Bundesregierung sind nur Ökonomen. Warum ist eigentlich kein Soziologe dabei, kein Ethiker, vielleicht sogar ein Theologe? Damit auch bedacht wird, welche Konsequenzen die wirtschaftspolitischen Empfehlungen für das Leben der Einzelnen haben. Was die Bundesregierung im wirtschaftlichen Bereich entscheidet, hat schließlich Folgen für das alltägliche Leben der Menschen und nicht nur für den Wirtschaftskreislauf. Luthers Ansatz ist nach wie vor modern, finde ich, und es wäre ein Segen, wenn er sich auch auf unser heutiges gesellschaftliches Leben auswirken würde.

Gibt es ähnlich »moderne« Gedanken auch schon bei Benedikt?

Anselm Grün

Bei Benedikt hat die Arbeit drei Bedeutungen: einmal den eigenen Lebensunterhalt zu verdienen. Das hat auch mit Freiheit zu tun, nämlich frei zu sein, nicht betteln zu müssen, nicht abhängig zu sein. Benedikt gründete keinen Bettelorden, sondern der Mönch soll von seiner eigenen Hände Arbeit leben. Das Zweite ist: Arbeit dient den Menschen. Das ist auch wichtig. Ich arbeite nicht nur, damit ich Geld verdiene und mir selbst diene, sondern jede Arbeit, jedes Handwerk, jede Dienstleistung – von denen wir heute immer mehr haben –, dient den Menschen. Und das Dritte ist, die Arbeit als Test für das Gebet und für den Glauben, könnte man sagen. Benedikt sagt, der Cellerar soll nicht langsam sein. Wenn die Arbeit fließt, ist das ein Zeichen von Spiritualität, denn viele wehren sich gegen die Arbeit, weil sie einfach zu narzisstisch um sich kreisen und sich nicht hingeben können. Die gute Arbeit ist ein Ziel.

Sage mir, wie du arbeitest, und ich sage dir, wie du glaubst?

Anselm Grün

... wie du betest! Benedikt sagt, der Novizenmeister soll die jungen Mönche prüfen, ob sie wahrhaft Gott suchen, und das erlebt er in drei Bereichen: ob sie Eifer haben zum Gottesdienst, ob sie fähig sind, sich auf die Gemeinschaft einzulassen, und ob sie bereit sind, sich in der Arbeit fordern zu lassen. Das sind die drei Kriterien, ob einer Gott sucht. Man kann das psychologisch sogar benennen als drei Kriterien des Menschen: Emotionsfähigkeit, Beziehungsfähigkeit und Leistungsfähigkeit. Diese umfassen auch das gesunde geistige Leben.

Mich interessiert, ob Sie in diesem »allein aus Glauben« im Blick auf das Leben der Gläubigen auch noch ein spezifisches Freiheitsmoment entdecken können. Zum Beispiel ist Luther im Blick auf Ehe und Familie zu ganz anderen Konsequenzen gekommen als die katholische Kirche. Das hatte natürlich auch ekklesiologische Hintergründe, aber trotzdem: Sehen Sie auch bei ganz alltäglichen Fragen spezifische Freiheitsimpulse bei Luther für das Leben der Gläubigen?

Nikolaus Schneider

Luthers Ansatz im Blick auf die Ehe war zunächst ein theologischer: Ist die Ehe ein Sakrament, also eine im Evangelium gebotene heilige Zeichenhandlung? Luther ist zu dem Ergebnis gekommen, dass die Ehe kein Sakrament ist und hat den Weg geebnet zur Zivilehe. Er hat damit übrigens an alte biblische Traditionen angeknüpft. In der Ehe selbst und in der Familie sah er den inneren Kern auch für das geistliche Leben in der Gemeinschaft, in der Gemeinde und in der Kirche. Das ist dann zu einer Bewegung geworden, die es bis heute durchaus gibt: Ich kenne viele Familien, die den Morgen damit beginnen, dass sie aus dem Losungsbüchlein der Herrnhuter Brüdergemeine Losung und Lehrtext lesen, die einen Abschnitt aus der Bibel lesen, miteinander singen, oder miteinander beten. Das heißt, schon in unserer Kleinfamilie zu Beginn des Tages diesen Tag dankbar aus Gottes Hand zu nehmen, um eine innere Struktur für diesen Tag zu finden, sodass wir dann auch in Ruhe und gefestigt durch den Tag hindurchgehen und unsere Aufgaben erledigen können. Und das ist etwas, was die gesamte Familie einbezieht, von den Kindern, die das in vieler Hinsicht noch nicht verstehen, aber in den Rhythmus hineingenommen werden, bis zu den Erwachsen, die sich auch inhaltlich ausrichten lassen. Das ist, wenn man so will, auch ein typisch evangelisches Freiheitsmoment, weil darin das Erleben des Zusammenklangs von Freiheit und Bindung eingeübt wird. Man kann das ohne Weiteres, denke ich, mit Strukturen vergleichen, die es im klösterlichen Leben gibt. So verstehe ich den Ansatz bei Luther, der den Sakramentscharakter der Ehe aufgehoben, aber ihre geistliche Bedeutung durchaus betont und gelebt hat.

Anselm Grün

Im katholischen Bereich muss man immer unterscheiden: Was bedeutet Sakrament? Natürlich war zur Zeit Luthers das Sakrament auch etwas Magisches. Auch in unserer Zeit, in der ganzen Diskussion um die wiederverheirateten Geschiedenen, merkt man, dass da etwas Numinoses, etwas Magisches dabei ist, was die Leute dann zu sehr bindet. Aber eigentlich ist Sakrament durchaus etwas Helfendes, wenn man es selbst nicht so dogmatisch und nicht so institutionell sieht. Sakrament heißt ja, das Sichtbare ist Zeichen für das Unsichtbare, und das ist für die Ehe durchaus eine Hilfe. Ich erlebe viele Ehepaare, die vom Partner absolute Liebe, absolute Geborgenheit, absoluten Halt wollen und damit den Partner überfordern. Und Sakrament heißt, das, was der Partner gibt, ist ein Zeichen für das Absolute, aber das Absolute kann nur Gott geben. Darin liegt der Kern eines Sakramentes eigentlich. Nicht dass die Kirche das Sakrament spendet. Die Theologie sagt ja, die beiden, die einander das Ja-Wort geben, spenden es gegenseitig, nicht der Priester. Die Liebe ist

Sakrament. Wenn man das Sakrament spirituell sieht, glaube ich, kann man sich da schon ergänzen.

Wir erleben zurzeit eine Diskussion um Werte, die Werte in der Gesellschaft. Das ist die Frage danach, was uns wichtig ist, was unverrückbar gilt. Manchmal wirft man dem Protestantismus vor, dass darin alles möglich ist. »Allein aus Glauben« sind wir gerechtfertigt, und dann ist alles möglich, alles erlaubt. Wie passen Sie das reformatorische Denken Luthers in diese Wertedebatte ein?

Nikolaus Schneider

Was sind eigentlich Werte und wie entstehen Werte? Werte sind abstrakte Vorstellungen, die die Grundlagen und Bezugspunkte von Lebenshaltungen auf den Begriff bringen. Lebenshaltungen von Christinnen und Christen gründen und beziehen sich auf ihren Glauben. Ein Impuls der Reformation war, skeptisch gegenüber kirchlich vorgegebenen Lebensstilen zu sein, wie: Ein gottwohlgefälliges Leben muss dieses und jenes erfüllen, und wenn es das erfüllt, gefällt es Gott. Das ist sehr mechanisch. Dagegen steht der reformatorische Anspruch, aus eigenen Glaubensentscheidungen heraus zu einem bestimmten Lebensstil zu kommen, der mir selbst, dem anderen und der Welt guttut. Dies aber durch den Einzelnen immer neu zu leisten und zu verantworten, ist eine große Aufgabe. Häufig überfordert sie uns. Insofern brauchen wir an Gottes Wort orientierte Sitten, Gebräuche, Übungen, Normen, Werte, die wir auch pädagogisch vermitteln und die eingeübt werden müssen. In dieser Hinsicht gibt es im Protestantismus in der Tat manchmal eine Leichtigkeit, die dann zur Oberflächlichkeit neigt. Und es besteht auch die Gefahr einer individuellen Selbstüberschätzung, als könnte ich als Einzelner immer neu die Welt erfinden und gestalten, als müsste ich alles neu machen und die Tradition gar nicht wertschätzen. Das rechte Maß zu finden, dass ich einerseits meine Werte begründet in meinem Glauben und auch in den Traditionen dieses Glaubens lebe, sie aber andererseits auch auf Zukunft hin offen gestalte, sodass ich für neuere Herausforderung offen bleibe. Das ist die Aufgabe, die wir als Einzelne und als Kirche haben. Im Protestantismus setzen wir darauf, dass es eine Verständigung derer gibt, die aus der gleichen Glaubensbegründung heraus leben und im Diskurs miteinander auch Werte überprüfen, weiterentwickeln und sich neu verabreden. Vor allem vertrauen wir darauf, dass Gottes Geist in diesem Prozess wirksam wird.

Wo findet dieser Diskurs statt?

Nikolaus Schneider

Zunächst in Gremien und Kreisen von Gemeinden. Am Ende, wenn es für die Kirche verbindlich sein soll, in Synoden. Es sind immer kollegiale Entscheidungen, die neue Werte definieren und setzen. Dabei geht es um ein Herauskristallisieren von angemessenen Antworten auf Gottes Wort aus dem gelebten Leben in unserer Gegenwart. Weil letzteres aber so vielfältig und manchmal auch diffus ist, kann man den Eindruck gewinnen, im Protestantismus sei alles möglich. Das ist ambivalent, also eine Stärke und auch eine Schwäche, die wir haben, dass wir das Prüfen, Korrigieren und Neuformulieren christlicher Werte einem solch offenen Prozess anvertrauen. Aber es gibt für uns durchaus einen nicht zu hinterfragenden Wertekanon, der von Menschen aus dem Glauben heraus gelebt wird. Die zehn Grundgebote der Heiligen Schrift etwa, oder die Seligpreisungen Jesu. Was allerdings aus dem Leben Jesu an Vorbild für unser gegenwärtiges alltägliches Leben katechetisch zu vermitteln ist, finden wir dann wieder mehr prozesshaft im Gespräch mit der Schrift und im Gespräch mit den Schwestern und Brüdern im Glauben. Und wenn es dann ganz verbindlich werden soll, geschieht das wie oben beschrieben durch den Konsens derer, die dafür ermächtigt sind, also in der Regel durch Beschlüsse von Synoden. Dass Gott heute direkt Werte setzt und ein Amt in der Kirche den Menschen im Auftrag Gottes sagen kann, so und so musst du jetzt leben oder entscheiden, da sind wir Protestanten eher skeptisch. Wir glauben: Gott spricht uns durch biblische Texte an und dadurch, dass Glaubende sie miteinander erwägen und dann zu Wertentscheidungen kommen. Auf diesem Wege: ja. Aber durch ein einzelnes Lehramt von oben: nein. Das macht es praktisch unmöglich, zu einem eindeutigen und widerspruchsfreien Wertesystem zu kommen. Manchmal scheint deshalb auch Protestanten das Papstamt attraktiv, vor allem wenn sie in bestimmten ethischen Fragen nach eindeutigen Antworten verlangen. Da gibt es auch eine Sehnsucht bei uns, dass endlich einmal einer sagen könnte, was wahr und richtig für alle ist. Häufig frustrieren wir Menschen, wenn wir sagen: »Nein, kein Mensch in der Kirche hat Zugriff auf Gottes Wahrheit, wir müssen uns schon mit unseren begrenzten Annäherungen an Gottes absolute und umfassende Wahrheit begnügen.« Die synodalen Annäherungen sind oft frustrierend, das ist sehr oft ein komplizierter Weg, anstrengend und auch risiko- und fehlerbehaftet. Und das gilt auch für den Einzelnen, wenn es heißt: »Du musst Verantwortung übernehmen für die Wertentscheidungen deines Lebens, du musst auch zu deinen Werten stehen, und die müssen dir auch etwas wert sein, sonst taugen sie nicht.« Auch im Glauben und auch im Blick auf Gottes Wort in der Bibel reicht es nicht, Ja zu sagen zu dem, was ein anderer dir vorgibt.

Anselm Grün

Ich sehe es als eine Schwachstelle im Protestantismus, dass man nur von der Heiligen Schrift ausgeht. Die katholische Kirche hat immer einen Dialog mit der Philosophie geführt, und die Werte von Platon zum Beispiel – Gerechtigkeit, Tapferkeit, Maß und Klugheit – sind einfach Grundwerte, die unabhängig davon sind, in welchem Glauben die Menschen leben.

Zum Beispiel stand Paulus auch schon im Dialog mit der stoischen Philosophie. Im Philipperbrief sagt er: »Alles, was edel, was wahrhaft, was gut ist, das befolgt.« Und die ganzen Tugendkataloge in den Paulusbriefen oder im Epheserbrief zeigen, dass er die Werte der damaligen Philosophie übernommen hat. Sie waren also nicht beliebig. Die Schrift ist die oberste Norm, aber auch der Dialog mit der Philosophie ist wichtig. Die Schrift selbst ist schon Dialog mit der Philosophie. Bei Luther ist mir das ein wenig zu radikal, dass für ihn nur die Schrift zählt. Für mich ist die Verbindung von Glauben und Vernunft oder Theologie und Philosophie oder Theologie und Psychologie wichtig.

Das stimmt, da gebe ich Ihnen unumwunden Recht. Ich glaube, diese Engführung protestantischer Theologie hat damit zu tun, dass Luther die scholastische Philosophie als ein Gefängnis empfunden hat. Und die Befreiung aus dieser scholastischen Philosophie hatte zur Konsequenz, dass er gesagt hat: »Nur die Schrift!« Die Philosophie kann dann zwar noch Begriffe und Definitionen liefern, aber theologisch-ethische Inhalte und Werte müssen »allein« aus der Schrift heraus entwickelt werden. Ich denke, es hat auch mit Luthers Schriftverständnis selbst zu tun, nämlich dass uns Christus in der Schrift begegnet, dass es in der Schrift eine Kraft aus der Präsenz Gottes heraus gibt, die auch aus sich heraus wirkt und nicht alleine dadurch, dass wir das Wort Gottes bedenken, verstehen und weitergeben. Eine Gotteskraft, die mich Gottes Wort und Willen für die Gegenwart recht erkennen lässt. Und um diese Gotteskraft zum Wirken und zum Leuchten zu bringen, brauche ich keine Philosophie oder andere Wissenschaften. So ist es bei Luther gewesen, und das bestimmt uns bis heute.

Ich kann mich erinnern, dass Papst Benedikt – oder war er damals noch Kardinal Ratzinger? – irgendwann einmal gesagt hat: »Bibel und griechische Philosophie – das ist die Wahrheit des Glaubens.« Damals dachte ich spontan: »Nein! So nicht!« Die Bibel hat ein stärkeres Gewicht, und es ist nicht der hermeneutische Schlüssel der griechischen Philosophie, der die Bibel erst richtig zum Sprechen und zum Leuchten bringt. Dieser Protest liegt uns in der Tat sozusagen in den lutherischen Genen.

Anselm Grün

Ratzinger sagt, ohne den Dialog mit der griechischen Philosophie wären die Christen zu einer Sekte geworden. Die einfachen Jünger Jesu haben damals eher die einfachen Menschen angesprochen, aber es braucht auch die intelligenten. Und die Apostel allein hätten die nicht erreicht. Justin oder Clemens von Alexandrien haben ganz viel vermittelt. Als ich damals den evangelischen Theologen Walter Völker gehört habe, hat es mich sehr gefreut, dass er auch über Origenes und Clemens von Alexandrien sprach. Aber grundsätzlich ist die Patristik in der evangelischen Theologie etwas unterbelichtet. Für mich ist sie aber eine wichtige Quelle, denn die Frage lautet: Wie haben die damals das Christliche übersetzt? Luther hat es in seiner Zeit ja auch übersetzt. Und die Zeiten ändern sich.

Dass die Scholastik auch Gefängnis war, haben wir in 1950er-Jahren erlebt. Die Neoscholastik war genauso eng, um nicht zu sagen penetrant. Karl Rahner hat Thomas von Aquin auf dem Hintergrund des belgischen Theologen Joseph Maréchal schon ganz neu gelesen. Als ich mich kürzlich noch einmal mit dem Buch der sieben Tröstungen von Thomas von Aquin beschäftigte, habe ich gemerkt, dass er, wenn man es mit einer modernen Brille liest, gar nicht so falsch liegt. Es ist erstaunlich, wie er den Menschen beobachtet, aber immer, wenn es zu genau wird und er alles genau festlegt, stimmt es nicht mehr.

Nikolaus Schneider

Das ist genau das Problem dabei. Ich denke, das sind unterschiedliche Fokussierungen, die nach wie vor unsere beiden Wege charakterisieren. Ein weiterer Punkt ist, dass durch diese Betonung der philosophisch-hermeneutischen Zugänge zur Schrift doch ein spezieller Blick entsteht. Die Hermeneutik definiert am Ende, was ich sehen und verstehen kann, aber durch einen solchen speziellen Blick auf die Schrift kappen wir uns selbst von Wurzeln ab, die für uns und unseren Glauben unaufgebbar sind. Damit meine ich das jüdische Denken.

Anselm Grün

Die griechische Philosophie ist ein Verständnis, das Jüdische ist für mich auch ganz wichtig, nicht nur, weil ich selbst jüdische Wurzeln habe. Mein Vater hat festgestellt, dass unter unseren Vorfahren spanische Juden sind, die vertrieben wurden und dann in die Eifel gezogen sind. Beide Denkweisen sind sehr wichtig, man soll aber keine absolut setzen.

Ich möchte noch mal zurückkommen zu dem, was Präses Schneider beschrieben hat im Blick auf den Prozess des Herauskristallisierens von Werten oder Wertentscheidungen. Sehen Sie es als eine Stärke im katholischen Bereich, dass da doch, wie Herr Schneider es gesagt hat, jemand ist, der sagt, wo es langgeht? Ist es gerade für Menschen, die heute so etwas suchen, auch eine Stärke?

Anselm Grün

Das sehe ich ambivalent. Ich denke, einfach nur zu sagen, wo es »langgeht«, reicht nicht aus und ist auch nicht die Aufgabe des Papstes. Das wäre ein falsches Verständnis von Hierarchie. Natürlich gibt es die sogenannten Kirchengebote, aber diese kann man variieren, sie sind nicht absolut zu setzen. Daneben gibt es seit der frühen Kirche ein Ringen um den Glauben, ein Lehramt, das auch ringt. Aber beim Ringen um den Glauben geht es immer um das Verständnis: Wer ist Gott? Was ist Erlösung? Wie verstehen wir die Menschen richtig? Dagegen geht es bei der Festlegung, wo es »langgehen« soll, eher um die Moral. In dieser Hinsicht war die katholische Kirche schon immer eher konservativ und hinkte der Zeit oft hinterher. Sie hat auch viele Menschen verloren, weil sie einfach zu eng war und Moral absolut gesetzt hat, wo es nicht unbedingt der Geist Jesu war, sondern sich etwas verselbständigt hat. Dass es eine Integrationsfigur gibt wie den Papst, der versucht, das zusammenzuhalten, finde ich gut. Aber nicht, wenn er einfach autoritär sagt, wo es »langgeht«. Unfehlbarkeit des Papstes heißt nicht, dass ich alles, was er sagt, ernst nehmen muss. Ich muss es wahrnehmen, aber ich kann es genauso hinterfragen.

Aber ich habe manchmal den Eindruck, dass es vielen Menschen zu anstrengend wird, dieses dauernde Ringen, dieser Preis der Freiheit, dass das jeder auch selbst verantworten muss. Spüren Sie das auch, eine Sehnsucht von Menschen nach der klaren Ansage?

Anselm Grün

Junge Leute, die instabil sind, suchen natürlich so etwas, aber sie sind auch sehr manipulierbar. Dass ihnen jemand sagt, wo es »langgeht«, kann gut sein, kann aber auch weniger gut sein. Wir erleben im Fundamentalismus, dass Menschen dann sehr eng werden und aggressiv, und das führt nicht zur Versöhnung.

Muss man heute wieder werben für diesen Geist der Freiheit?

Nikolaus Schneider

Darum werben muss man immer. Denn der Mensch neigt dazu, die Verantwortlichkeit für das eigene Leben, für das Zusammenleben und für andere loswerden zu wollen, vor allem, wenn es mal nicht so gut läuft und es viel einfacher ist, die Verantwortung auf andere abschieben zu können. Man muss Disziplin, Selbstkritik und Veränderungsbereitschaft aufbringen, um Freiheit und Verantwortung zusammenzuhalten gerade in schwierigen Situationen. Es geht also darum, immer wieder neu um den Geist der Freiheit zu ringen, der Menschen zur Verantwortung für andere und für ihre Gemeinschaft befähigt und uns so zu sozialfähigen Wesen macht. Menschen sind nicht automatisch sozialfähig. Melanchthon hat mal zutreffend gesagt, dass Bildung eine Ent-Rohung des Menschen sei. Zu dieser Ent-Rohung gehört bei unseren Kindern die Erziehung zur Empathie und zur Verantwortungsbereitschaft. Aber darum müssen wir ein Leben lang ringen, auch bei uns selbst, auch noch im fortgeschrittenen Alter. Wir behalten die Neigung, Verantwortlichkeit loszuwerden, wir sind froh, wenn ein anderer den Kopf hinhält und wir uns dann wegducken können.

Wir haben bei der Frage nach dem christlichen Leben zunächst den gesellschaftlichen Nahraum ausgeleuchtet: Familie und Ehe. Aber es wurde auch schon deutlich, dass zum Beispiel bei der Frage nach der Gestaltung der Arbeit auch Konsequenzen für den gesellschaftlichen Raum deutlich werden. Es gibt sowohl in der katholischen Kirche als auch in der evangelischen Kirche eine Sozialethik, also die Frage: Wie gestalten wir Gesellschaft? Allerdings gibt es aber auch eine vielleicht typisch protestantische Art der Gesellschaftskritik. Viele haben das immer wieder als Grenzüberschreitung wahrgenommen und werfen protestantischen Pfarrerinnen und Pfarrern vor, sie seien politisiert, sie wüssten es immer ganz genau. Ist das ein Erbe Martin Luthers, es dann zu übertreiben?

Nikolaus Schneider

Das rechte Maß von theologischer Einmischung in politische Fragen war für den Protestantismus schon ganz früh ein Problem. Luther hatte sich darüber schon mit Karlstadt und später auch Thomas Münzer intensiv auseinandersetzen müssen, die in einem geradezu prophetischen Impetus eins zu eins ein Wort Gottes in die soziale Situation umgesetzt und aus ihm dann eine unmittelbare politische Forderung gemacht haben. Luther hat demgegenüber gesagt: »Langsam, langsam, hier muss man sehen, dass Gott zwei Regierungsweisen in der Welt hat.« Die eine Regierungsweise geschieht durch die staatliche Macht, die andere durch die Kirche. Und auch die staatliche Macht ist eine Regierungsweise Gottes, die wir als Kirche zu respektieren haben. Im Konkreten aber war und ist das immer ein ganz schwieriger Abwägungsprozess. Nehmen wir heute das Beispiel Flüchtlinge. Ich habe gerne von der Kanzel herunter Matthäus 25 zitiert und ausgelegt: »›Ich war ein Fremder und ihr habt mich aufgenommen.‹ In den Fremden begegnet uns Christus selbst, deshalb lasst uns die Fremden, die jetzt bei uns Zuflucht zu suchen, so nehmen, als würde Christus an unsere Tür klopfen.« War das eine Grenzüberschreitung? Die Antwort auf diese Frage hängt nicht zuletzt von der jeweiligen Einstellung zur Flüchtlingspolitik ab. Das rechte Maß theologischer Einmischung muss man in der jeweiligen Situation immer neu ausloten und sich darüber im Klaren sein: Bestätigende Einmischung wird zumeist dankend angenommen, kritische Einmischung aber in der Regel als übergriffig erklärt. Doch ich halte es schon für geboten, sich durch Gottes Geist inspirieren zu lassen, um ungerechte Verhältnisse und menschenfeindliche Strukturen nicht einfach so zu belassen, wie sie sind. Der latente Vorwurf gegenüber protestantischen Pfarrern, sie seien zu politisiert, ist häufig nur dann ein Vorwurf, wenn es einem bestimmten Politiker nicht in den Kram passt, was wir sagen. Aber es gibt durchaus ein übertriebenes Politisieren von der Kanzel herab, wenn Pfarrerinnen und Pfarrer sich faktisch als Stimme Gottes hinstellen und ein politisches Programm verkünden. Oder einseitig parteipolitisch Partei ergreifen. Das ist Missbrauch.

Also auf Luther können sie sich nicht beziehen.

Nikolaus Schneider

Auf Luther können sie sich nicht beziehen in diesem Zusammenhang, sondern eher auf Karlstadt und Münzer.

Pater Anselm, die Politisierung und die konkreten Antworten in bestimmte Konfliktsituationen hinein, findet sich das im Glauben?

Anselm Grün

Ich denke, die Kirche hat durchaus die prophetische Sendung, Dinge anzusprechen. Darin sind die meisten Denkschriften der beiden Kirchen momentan ziemlich gleich, ob das die Arbeitslosigkeit betrifft oder die Flüchtlinge und so weiter. Aber in den 1970er-Jahren waren viele evangelische und katholische Pfarrer sehr politisch, meistens eher links. Was mir nicht gefiel, war, dass sie immer anklagten. Die Bösen sind immer die Kapitalisten. Ich bin mit einem evangelischen Therapeuten befreundet, der auch einige Manager betreut. Anfangs war er ihnen gegenüber immer eher negativ eingestellt und hat sie als Kapitalisten bezeichnet, bis er merkte, dass er sie nicht therapieren kann, wenn er sie als Therapeut ablehnt. Und er hat festgestellt, dass sie auch Menschen sind und menschlich zu leben und zu führen suchen.

Ich sage immer, ich halte nur Vorträge für Menschen, an die ich glaube. Und wenn ich vor Führungskräften Vorträge halte, glaube ich, dass auch in ihnen eine Sehnsucht ist, anders zu führen. Wenn ich die Leute ablehne und sie anklage, werde ich nichts ändern. Ich kann nur etwas bewirken, wenn ich in Dialog trete. Natürlich muss man darauf achten, wo man sich zu sehr anpasst und wo man zu wenig frei ist.

Oder auf der Kanzel: Ich merke, dass ich mich schwertue, auf der Kanzel politisch zu predigen. Denn was bringt es den Leuten, wenn man ihnen sagt, die Politiker und die Wirtschaftler sind alle schlecht? Dann gehen sie mit einem selbstgerechten Gefühl nach Hause und denken, sie wären die Guten. Das bewirkt auch nichts. Ich muss ihnen auf der einen Seite helfen, auf der anderen Seite trotzdem politisch tätig sein, aber nicht unbedingt in der Predigt, denn die Predigt erreicht die Falschen. Wenn aber in meiner Pfarrei eine Firma ist, die ihre Mitarbeiter ungerecht behandelt, kann ich mich zum Beispiel fragen, wie ich konkret für sie eintreten kann. Dass die Kirche politisch aktiv sein sollte, ist auf jeden Fall richtig, die Frage ist nur, was ich tun kann, um dem konkreten Menschen zu helfen.

Nikolaus Schneider

Genau diese Überzeugung »Kirche muss auch politisch aktiv sein« und diese Frage »Was kann ich tun, um konkreten Menschen zu helfen?« haben mich schon als junger Pfarrer bewegt. Der Kirchmeister (Finanzverwalter einer lokalen Kirchengemeinde im Rheinland) meiner ersten Gemeinde, die fast eine reine Arbeitergemeinde war, war ein selbständiger Kaufmann und ein sehr reicher Mensch, also ein typischer Kapitalist. Dem habe ich eine Menge zugemutet. Aber ich durfte auch erfahren, dass er trotzdem die Hand über mich hielt. Er hat wertgeschätzt, dass ich fleißig die Leute besuchte und mich in meiner Seelsorge ernst genommen. Er konnte sehen, dass es mir ein wichtiges Anliegen war, die Menschen zu begleiten und nicht nur irgendwelche linken Parolen zu kloppen. Und er hat mir abgenommen, dass es auch in meinem politischen Engagement für mich ein wichtiges Anliegen war, die Schrift zu verstehen und das Evangelium in die Welt zu bringen. Es entsprach allerdings selten seinen politischen Standpunkten, wie ich mich äußerte. Dennoch hat er mich mit einer Liebenswürdigkeit begleitet, die mich ins Nachdenken brachte. Mittlerweile schaue ich nicht mehr nach politischen Farben, ich schaue nicht mehr nach der Höhe des Kontostands, sondern ich schaue wirklich nach dem Menschen – auch in der Erwartung, dass dieser Mensch mir von Gott über den Weg geschickt ist und ich nicht die Aufgabe habe, ihm mit Gottes Gericht zu drohen. Das ist Gottes Sache, nicht meine. Meine Aufgabe ist es, einen Weg zu suchen, wie wir gemeinsam das Evangelium so verstehen und leben können, damit es auch eine Wohltat für andere Menschen werden kann. Wenn einer allerdings Leute ausbeutet, muss ich es ihm auch sagen, aber nicht so, indem ich es ihm einfach um die Ohren haue, sondern so, dass er es auch verstehen und annehmen kann. Die Kunst ist, den Leuten nicht nach dem Munde zu reden, weder den Reichen noch den Armen, sondern wirklich beim Evangelium zu bleiben und das Herausfordernde des Evangeliums in die jeweilige konkrete Situation so hinein zu sagen, dass Menschen davon getröstet und aufgebaut werden, aber auch ermahnt und korrigiert. Und dass sie wirklich Gottes Wort dabei hören können und nicht mein Geschrei.

Anselm Grün

Natürlich erlebe ich manche Reiche, die über den evangelischen Pfarrer jammern, weil er ihnen zu politisch redet. Aber hier muss man genau hinhören. Geht es ihnen lediglich darum, dass der Pfarrer sie beruhigen und nichts infrage stellen soll? Nur zu beruhigen ist nicht die Aufgabe des Pfarrers. Er soll zwar nicht anklagen, aber deutlich machen, dass wir alle auf dem Weg sind und uns wandeln müssen, auch der Besitzer. Die Botschaft soll nicht lauten, einfach so weiterzuleben wie vorher. Das ist zu wenig.

Nikolaus Schneider

Das ist zu wenig, genau. Trost ist berechtigt, aber er darf nicht allein eine Bestätigung dessen sein, was ich sowieso schon immer wusste und machte. Und es ist nicht die vordringlichste Aufgabe eines Pfarrers, bei allen Menschen bitteschön ein gutes Gewissen zu erzeugen. Sondern die Herausforderung des Evangeliums, also der Ruf zur Umkehr, muss hörbar bleiben. Und Umkehr ist durchaus etwas, was wir jeden Tag neu einüben müssen. Dass dieser Ruf eine Einladung wird und dass sich dabei für die Eingeladenen auch neue Lebensmöglichkeiten eröffnen und entwickeln, das ist wirklich die Kunst.

Aber wenn wir auf Luthers Rolle in den Bauernkriegen schauen, ist es da nicht schon eine Warnung, dass er manchmal die Konsequenzen seiner Botschaft nicht mehr in der Hand hatte? Er war ja manches Mal auch ziemlich erschrocken über das, was daraus geworden ist, und ist zurückgerudert. Man hat oft den evangelischen, also diesen sogenannten politisierenden evangelischen Pfarrern vorgeworfen, dass sie zwar hohe Worte predigen, aber die Konsequenzen nicht bedenken. Kann man von Luther etwas lernen, wie die Kriterien für politische Einflussnahme sind?

Nikolaus Schneider

Luther und die Bauernkriege sind ein dunkles und schwieriges Kapitel. Das wurde in unserem Gespräch schon an anderer Stelle deutlich. Als die Artikel der Bauernschaft in Schwaben kamen, hat Luther dazu Stellung genommen. Das meiste fand er vernünftig und richtig. Er sagte allerdings: »Aber so, wie ihr mit der Schrift argumentiert, geht das nicht.« Bei diesem Einwand kam schon das zum Tragen, was man bei ihm die »Zwei-Regimenten-Lehre«, die zwei Regierungsweisen Gottes nennt. Was für Luther überhaupt nicht ging, war Gewaltanwendung von Untergebenen gegen ihre Herren. Dazu war er zu sehr seiner Zeit und ihrer ständischen Gesellschaft verhaftet. Das Gewaltmonopol sollte bei den Fürsten sein, dieser Meinung war er schon. Und als Luther dann die Gewaltexzesse der Bauern wahrnahm und dann auch noch deren prophetische Begründung – es gab Prediger, die den Bauern gesagt haben, dass sie die Fürsten auch totschlagen können –, ist er massiv dagegen zu Felde gezogen. Er hat allerdings auch maßlos überzogen, als er den Fürsten sagte: »draufhauen, stechen, töten«, womit er deren Blutbad nicht nur gerechtfertigt, sondern auch noch dazu angestachelt hat. Dabei hatte er die Konsequenzen seiner politischen Einmischung wirklich nicht bedacht und ist viel zu weit gegangen. Danach war Luther auch wieder erschrocken über das, was er angerichtet hatte. Daraufhin hat er wieder den Fürsten ins Gewissen geredet und ihnen gesagt, wenn sie denn schon Fürsten sind, dann sollen sie auch richtige und gute Fürsten sein und ihre Bestimmung nicht verfehlen. Das war wirklich ein Hin- und Herschwanken, in dem er selbst einen angemessenen Weg für politisches Reden und Wirken der Kirche suchte.

Das Jahr 1525, in dem sich das alles abspielte, war ein Krisenjahr für die Reformation. Luther hatte die Sorge, dass seine ganze reformerische Bewegung in Misskredit gebracht werden würde. Er sah, dass diese reformerische Bewegung nur eine Chance hatte zu überleben, wenn es auch Fürsten gab, die sie äußerlich schützten. Friedrich der Weise, der ihm das Leben gerettet hatte, war 1525 gestorben. Luther hatte die begründete Angst: »Wenn es jetzt die Bauernaufstände gibt und sie mit der Reformation verbunden werden, was machen dann die Fürsten, die uns zugeneigt sind, wenden sie sich von uns ab, ist dann das gesamte Unternehmen gefährdet?« Dennoch muss man deutlich sagen, dass es im Blick auf die Bauernkriege wirklich ein Versagen Luthers gab. Also richtige Erkenntnisse einerseits, aber in der Anwendung und Umsetzung ein Versagen. Diese Legitimation der Gewalt von oben, verbunden mit einem Blutbad, und diese Abwehr der Gewalt von unten, wenn sie etwa revolutionär oder befreiend kommt, waren fatal und hatten auch fatale Konsequenzen für den Protestantismus. Gerade für den lutherisch geprägten Protestantismus, also etwa die Ehe von Thron und Altar in den nachfolgenden Jahrhunderten. Das war kein Ruhmesblatt.

Pater Anselm, die lateinamerikanische Befreiungstheologie hat ein klares Kriterium formuliert mit der sogenannten »Option für die Armen«, also durchgehend dieser Blick von unten. Würden Sie sagen, das ist ein Schritt weiter, der dieses Hin und Her eines Luther korrigieren kann?

Anselm Grün

Ja, die Befreiungstheologen waren jedoch unabhängiger. Luther war in seiner Zeit einfach von den Fürsten abhängig, er hat sie gebraucht. Befreiungstheologen waren unabhängig von der Regierung und haben die

Armen gesehen und wie die Reichen in Brasilien und in Argentinien die Armen ausgebeutet haben. Deswegen traten sie bewusst auf – und viele sind auch gestorben bei ihrem Einsatz. Das ist sicher nach wie vor ein wichtiger Aspekt, das ist schon im Judentum so. Die Armentheologie und die Solidarität mit den Armen gehört sicher zu den Christen, darin sind sich evangelische und katholische Theologen heute einig, da gibt es keinen Unterschied. Aber zur Zeit Luthers war das ein ganz anderes Thema. Er war auf der einen Seite für die Bauern und für Gerechtigkeit, auf der anderen Seite aber doch noch obrigkeitshörig. Die äußere Ordnung musste gehalten werden. Aber das war zeitbedingt. Man darf Luther jetzt nicht alles anlasten.

Nikolaus Schneider

Für Luther galt: »Chaos ist das Schlimmste, da kann kein Leben mehr gedeihen. Deshalb brauchen wir Formen der Ordnung. Und dabei ist eine schlechte Ordnung besser als überhaupt keine Ordnung.« An diesem Gedanken ist etwas dran. Aber er birgt immer das Risiko, dass Unrechtsregime und Ausbeutung der kleinen Leute stabilisiert werden. Ich finde es bewegend, dass Pater Anselm jetzt so freundlich und verständnisvoll Luther gegenüber argumentiert. Auf den Menschen Martin Luther bezogen tue ich das auch. Weiß ich, wie ich in einer solchen Situation reagiert hätte? Da erhebe ich mich nicht über ihn, sondern sage ganz demütig: Er hat immerhin den Fürsten später ins Gewissen geredet. Also eine gewisse innere Linie hat er durchaus gehalten, aber die politischen Konsequenzen seines Redens und Tuns zu bedenken, das war nicht seine starke Seite. Er war kein guter Diplomat und hat auch nicht immer die Sanftmut und Friedfertigkeit gezeigt, die Jesus selig preist. Das war einfach einer seiner Schwachpunkte.

Spiritualität

Herr Schneider, wir haben über die theologischen Akzente gesprochen, durch die Luther für den Protestantismus prägend wurde. Wie steht es um seine spirituelle »Mitgift«, womit hat er die Frömmigkeit der Protestanten geprägt?

Nikolaus Schneider

Lied, Katechismus, Gebet und Lesen der Bibel. Das ist die spirituelle Mitgift, die wir durch Luther bekommen haben. Er hat selbst Lieder geschrieben, er konnte Laute spielen und er konnte singen. Ihm war deutlich, welche spirituelle Kraft in der Musik liegt. Den Ausspruch »Wer singt, betet doppelt«, der Augustinus zugeschrieben wird, hat sich Luther zu Eigen gemacht – und er gilt nach wie vor bei uns. Luther war klar, dass wir in Musik und im Singen von Liedern noch eine Dimension von Glaube erfahren, die sich allein in Worten und Nachdenken nicht vermitteln kann. Musik ergreift uns emotional anders und stärker. Glaube wurde und wird also auch durch Lieder vermittelt und gestärkt. Lieder sprechen die Psalmen nach, Lieder erklären und feiern den Glauben, Lieder stärken meine Gewissheit: Gottes Liebe und Nähe begleiten mein Leben. Das Singen von Liedern war für Luther sozusagen eine spirituelle Einübung im Glauben. Es hatte sicher auch damit zu tun, dass Luther nach den ersten Visitationen völlig erschlagen war von der Erkenntnis, wie wenig die Menschen in den Gemeinden über ihren christlichen Glauben wussten, auch die Pfarrer, und ihm deutlich wurde, sie müssen den Glauben auch einüben. Deshalb war ihm neben Liedern auch die Bibellektüre ganz wichtig.

Die regelmäßige Lektüre hat er im Grunde aus der mönchischen Tradition übernommen, und er sprach davon, dass man die Bibel »kauen« soll. Damit meinte er, dass man den Text nicht einfach nur lesen oder vorlesen soll, sondern in sich aufnehmen. Die einzelnen Worte und Bilder eines Textes müsse man auf sich und in sich wirken lassen. Dass ich Teil des Textes werde und der Text ein Teil von mir, so wie wir das heute etwa im Bibliodrama einüben. Bis heute ist das ein ganz wichtiger Teil unserer protestantischen Spiritualität: Die Bibel soll ein Teil von uns selbst werden, in einem Aneignungsprozess, der auch unser Herz und unsere Seele mitnimmt und nicht nur im Kopf stattfindet. Dafür braucht Spiritualität das Gebet, in dem ich mich vertrauensvoll an Gott wende. Luther hat uns Gebete mitgegeben, nicht nur das Vaterunser, nicht nur seine geniale Übersetzung des 23. Psalms, die nach wie vor auch meine Seele trägt und tröstet, sondern auch seinen Abendsegen oder seinen Morgensegen. Von Luther formulierte Gebete sind bis heute lebendig, stärken unsere Spiritualität und lassen uns geistlich erbaut unsere Tage bestehen.

Sie haben die Bibel angesprochen. Dieses »Kauen« der Bibel ist für einen Mönch eine Alltagsbeschäftigung, das heißt dieses Sich-Einverleiben der Bibel.

Anselm Grün

Das »Kauen« war im Mönchtum sehr wichtig. Man soll das Wort Gottes »wiederkäuen«. Von Antonius gibt es eine schöne Geschichte. Er sagt: »Siehst du, wie die Kuh voller Genuss ihre Nahrung wiederkäut? So sollst du das Wort Gottes wiederkäuen. Das wird sogar deinem Körper guttun, es gibt deinem Körper ein neues Gefühl.« In jedem Chorgebet ist immer eine Bibellesung dabei, außerdem beten wir die Psalmen, also auch biblische Worte. Aber was ich durchaus als einen Gewinn der Reformation sehe, ist, dass nun auch die Familien in der Bibel gelesen haben. Das gab es im katholischen Bereich nicht. Man hat nur in der Kirche aus der Bibel gehört, aber besaß keine Bibel. Das war das Privileg der Priester, und dadurch ist viel zu kurz gekommen. Teresa von Ávila hat die Bibel zwar gekannt, aber nur, was sie gehört hatte, nicht, was sie gelesen hatte. In dieser Hinsicht ist durch Luther sicher eine gute Tradition entstanden.

Die Lieder finde ich auch wunderbar. Im Katholischen hat das später auch eingesetzt und es sind viele Lieder entstanden. Es gab natürlich schon vorher einige Weihnachtslieder, im 13./14. Jahrhundert »In Dulci Jubilo« zum Beispiel, aber eben nicht in dem Maß wie dann in der Reformation.

Pater Anselm, im Gottesdienst singen Sie Psalmen und hören Texte aus der Bibel. Welche Rolle spielt die Bibel für Ihr inneres spirituelles Leben als Mönch?

Anselm Grün

In der monastischen Tradition gab es die *Lectio divina*, das heißt die Mönche haben jeden Tag drei Stunden in der Bibel gelesen. Aber es war ein Bibellesen, bei dem es nicht darum ging, das Wissen zu vermehren, sondern darum, wie Gregor der Große sagt, im Wort das Herz Gottes zu entdecken. Die *Lectio divina* beinhaltet vier Schritte: *Lectio*: ich lese, bis mich etwas berührt; dann die *Meditatio*: ich kaue das Wort, verkoste es, frage mich: »Wenn das stimmt, wie erfahre ich mich dann selbst?«; dann die *Oratio*, das kurze, emotionale Gebet, dass Gott mir die Sehnsucht erfüllen möge, und dann die *Contemplatio*, in der ich einfach still werde unter dem Eindruck des Wortes.

Das Wort führt in die Stille. Das war im Mönchtum etwas Wichtiges. Die Voraussetzung war die sogenannte spirituelle Schriftauslegung nach Origenes. Origenes las die Schrift weniger unter dem Blickwinkel: »Was soll ich tun?« – das war mehr die psychologische Deutung –, sondern mit der Fragestellung: »Wer bin ich?« Wenn ich die Bibel unter dem Aspekt lese »Was soll ich tun?«, komme ich schnell zum Moralisieren. Dann laufe ich ständig mit einem schlechten Gewissen herum. Wenn wir in der spirituellen Schriftauslegung fragen: »Wer bin ich?«, dann führt das zu einer befreienden Erfahrung: Wir sind Söhne und Töchter Gottes. Gott zeigt uns, wer wir eigentlich sind. Das führt dann in eine spirituelle Erfahrung meines Christseins, meines Menschseins vor Gott und in Gott. In diesem Sinn meditiere ich die Worte der Bibel. Im Recollectio-Haus begleite ich auch manchmal evangelische Pfarrer und gebe ihnen dann für die ganze Woche einen Text auf. Oft sagen sie: »Das war das erste Mal, dass ich nicht an die Predigt gedacht habe, sondern das Wort nur zu mir habe sprechen lassen.« Das ist die Gefahr bei uns Theologen, dass wir immer sofort überlegen, wie wir das Wort auslegen können. Aber wenn wir uns fragen, was das Wort mir sagen will und wie ich mich erfahre, wenn es stimmt, dann führt die Bibel zu neuen Erfahrungen des Menschseins und des Christseins.

Wie versteht Luther die Bibel? Ist sie für ihn in einer sehr direkten Weise das Wort Gottes, das wirklich für mich verfügbar ist? Es soll Evangelische geben, die in dieser Tradition die Bibel aufschlagen, blind auf eine Stelle deuten und damit ganz direkt das Wort zu finden glauben, das Gott ihnen jetzt sagen will.

Nikolaus Schneider

Der Begriff »verfügbar« wird Luthers Bibelverständnis, glaube ich, nicht gerecht. Ich würde eher sagen: Ich kann das gewisse Zutrauen haben, dass Gott mich durch die Bibel anspricht. Christus ist das lebendige Wort Gottes, das in der Bibel bezeugt wird. Und durch die Kraft des Heiligen Geistes werde ich beim Lesen und »Kauen« biblischer Texte von diesem lebendigen Wort angesprochen. Dieser Meinung war Luther und das prägt auch evangelische Theologie und evangelische Frömmigkeit. Die spirituelle Beschäftigung mit der Bibel ist sozusagen etwas, wodurch sich Wort und Geist verbinden. Ich würde Luthers Bibelverständnis etwas zugespitzt so formulieren: Die Bibel ist Gotteswort und Menschenwort in einem, und das auf eine Weise, in der kein Mensch sauber sezieren kann, welcher Anteil Menschenwort und welcher Anteil Gotteswort ist. Die Bibel ist beides in einem, fast wie in der Zwei-Naturen-Lehre, die davon spricht, dass in Jesus Christus menschliche und göttliche Natur in einem sind. Dieses Bibelverständnis bewahrt vor einem naiven Fundamentalismus, der den Wortlaut eines Bibelverses eins zu eins als Gottes direktes Wort für heutige Situationen behauptet. Wir brauchen »Theologie« – also das Nachdenken und Reden über Gottes Wort – und Theologie muss im Wesentlichen biblische Theologie sein. Diese Wort-Gottes-Theologie war zwar schon vor Luther da, ist aber durch ihn erst richtig starkgemacht worden. Sie ist durch die Zeiten hindurch für evangelische Theologie immer wesentlich und bestimmend gewesen und hat immer wieder zu neuen Aufbrüchen geführt. Die dialektische Theologie um Karl Barth etwa war ein Rückgriff auf diese Wort-Gottes-Theologie. Wenn Sie sich »Die kirchliche Dogmatik, Band 1.1« anschauen, gibt es keinen, den der reformierte Karl Barth häufiger zitiert als Luther im Zustimmen und im Weiterdenken dessen, was die Bibel für das Wort Gottes bedeutet und welche Kraft in ihr steckt.

Dieses Spielmotiv, das wir eben hatten, also dass man die Bibel aufschlägt und an einer Stelle etwas findet, das gibt es auch bei den sogenannten »Losungen«, Bibeltexte, die von sehr vielen Menschen täglich gelesen werden. Gottes Wort wird zugelost für jeden Tag des Jahres.

Nikolaus Schneider

Dieses Losen kann man für eine milde Form von Magie halten, was wir sonst gerne der katholischen Seite rüberschieben etwa im Blick auf ihr Sakramentsverständnis. Ich würde es freundlich interpretieren und sagen: Es ist das Zutrauen, dass Gottes Geist auch durch das Zufallsprinzip wirken kann. Das Zufallsprinzip heißt hier, ich nehme mich, meine ganz spezielle Situation und Befindlichkeit erst einmal zurück und vertraue darauf, dass Gottes Wort mich durch ein für diesen Tag zugelosten Bibelvers anspricht. Graf Zinzendorf hatte damals in der Herrnhuter Brüdergemeine allerdings erst einmal einen großen Pool an Bibelworten aus dem Alten Testament vorausgewählt. Nur diese kamen und kommen in die Lostrommel und werden für den jeweiligen Tag gezogen. Und bis heute gibt es eine kleine Kommission, die dann den neutestamentlichen Lehrtext für das geloste Bibelwort aussucht. Diese Entscheidung ist also eine das Zufallsprinzip begleitende theologische Reflexion. Schließlich kommt noch ein ausgewählter dritter Text hinzu, ein Gebet, ein Liedvers oder ein Zitat, der einen Gedanken aus den Bibelversen aufnimmt. Diese Losungen sind zugegeben eine etwas eigenartige Form, aber sie prägen evangelische Alltagsspiritualität, auch bei meiner Frau und mir. Wir lesen die Losung jeden Tag und wissen uns in diesem Tun weltweit mit Glaubensgeschwistern verbunden. Ich empfinde es häufig, dass das

Losungswort nicht nur in meine persönliche Situation, sondern auch zu wichtigen politischen Ereignissen in einer Weise spricht, dass ich Gottes Fingerzeig darin sehe.

Meine Frau, die neben Theologie auch Mathematik studiert hat, ist da nüchterner und entdeckt an dieser Stelle magische Bedürfnisse bei mir oder den unbewussten Willen, die Losung für meine konkrete Situation passend zu machen. Sie holt mich dann mit ihren auch theologisch kritischen Anmerkungen – etwa im Blick auf die Zuordnung des Lehrtextes – wieder ein bisschen auf den Boden zurück. Man muss also auch etwas aufpassen, dass man das Ganze theologisch nicht überbewertet. Ich würde sagen: eine Morgenandacht mit den Losungen ist eine schöne Übung der Frömmigkeit, die unserer Spiritualität durchaus guttut.

Pater Anselm, was halten Sie von den Losungen?

Anselm Grün

Ich schätze die tägliche Losung durchaus. Ich kenne viele evangelische Christen, die mit ihr leben, und es ist sicher ein guter Weg, mich einfach jeden Morgen mit Gott zu verbinden. Wenn ich evangelische Pfarrer begleitete, dann ist es mir manchmal ein bisschen zu wenig, was sie an spirituellen Übungen haben, zum Beispiel am Morgen zu meditieren oder länger in der Bibel zu lesen. Die Losung ist ja oft nur ein kurzer Aspekt, aber dass doch viele Laien damit umgehen, finde ich gut. Die im katholischen Bereich spirituell lebenden Christen nehmen dann die Tageslesungen der Liturgie. Es gibt jeden Tag eine Lesung, sowohl eine alttestamentliche wie auch eine neutestamentliche, und dann noch das Evangelium, aber das ist nicht so weit verbreitet wie im evangelischen Bereich.

Das Meditieren der Losung ist eine Volksfrömmigkeit, die ihre Wirkung hat, und ich sehe das Spielerische darin durchaus positiv. Manchmal lasse ich jemanden eine meiner Engelkarten ziehen, da haben die Leute auch oft das Gefühl, genau das gezogen zu haben, was sie gerade brauchen. Oder wenn ich aus dem Hymnus der »Sieben Gaben des Heiligen Geistes« eine Gabe ziehe, ist es etwas anderes, als wenn ich die Texte einfach nacheinander lese.

Nikolaus Schneider

Was Sie über die Bedeutung von Übungen sagen, sich auch verstärkt längeren Bibeltexten zuzuwenden: Das hat Bonhoeffer in seinen Predigerseminaren eingeführt. Bonhoeffer hat die Losungen sehr geschätzt, hat sie auch regelmäßig gelesen, aber im Predigerseminar, im gemeinsamen Leben der Brüder, gehörte es für ihn dazu, dass jeder für sich eine Stunde Bibel las und meditierte. Im Losungsbüchlein sind übrigens auch längere Bibelstellen für eine sogenannte *Lectio continua* angegeben. Man bekommt da Textvorschläge für Bibellesepläne, einmal entlang biblischer Bücher, einmal thematisch geordnet.

Luther ist durchaus kritisch mit dem biblischen Text umgegangen. Das ist bei der Neuausgabe der Luther-Bibel deutlich geworden, er nahm sich durchaus die Freiheit, bestimmte Dinge so zu formulieren, wie er es auch seelsorgerlich ansprechend fand. Dann aber gibt es im Protestantismus zugleich diesen Biblizismus, der geneigt ist, alles wortwörtlich zu nehmen.

Nikolaus Schneider

Biblizismus ist meiner Ansicht nach ein Missverständnis über die Weise, wie uns Gottes lebendiges Wort in den geschriebenen Worten der Bibel begegnet. Biblische Texte »wortwörtlich« zu nehmen ist für mich Ausdruck einer Angst vor der Freiheit und Verantwortung des Glaubens. Und sie ist Ausdruck einer Unsicherheit, die sich an irgendetwas Unveränderbares klammern will. So, wie wir Protestanten manchen Katholiken vorwerfen, sich an den Papst zu klammern, so klammern sich dann unsere Biblizisten in falsch verstandener Bibeltreue an einzelne Worte der Bibel.

Gerade in ethischen Fragen ist so ein Bibelfundamentalismus folgenreich, wenn bestimmte zeitbedingte Aussagen von Theologen, etwa zum Thema Homosexualität wortwörtlich genommen werden.

Nikolaus Schneider

Das ist so, gar keine Frage. Und damit haben sich Theologie und Synoden immer wieder auseinanderzusetzen, wenn sie um ethisch-theologische Urteile ringen. Für mich ist ein historisch-kritischer Umgang mit Bibeltexten gerade im Blick auf ethische Fragen unerlässlich. Das biblische Weltbild entspricht Weltbildern aus der Entstehungszeit der biblischen Schriften. Da muss man ganz nüchtern hinschauen, was über Gott und den Menschen gesagt wird mithilfe dieser Weltbilder, auf der Basis der Natur-Erkenntnisse dieser Zeit. Aufgabe einer verantwortlichen Theologie ist es, diese Aussagen dann zu übertragen in unser Weltbild, in das, was wir heute wissen und was wir heute an naturwissenschaftlichen Erkenntnissen haben. Diese Übertragungsleistung ist unverzichtbar, damit es nicht zu einem vernunftfeindlichen Fundamentalismus oder sogar zu gewaltgeneigten Frömmigkeitsformen kommt. Wir mussten erleben, dass christliche Fundamentalisten vor Abtreibungskliniken, Ärzte und Patientinnen aus religiösen Gründen erschossen haben. Bei dieser Selbstermächtigung, die sich an Gottes Stelle setzt und meint, Gottes Gericht schon hier auf dieser Welt vollziehen zu müssen, zeigt sich, wie wichtig ein reflektierter Umgang mit der Bibel ist.

Anselm Grün

Mir fallen zwei Dinge ein. Einmal: Wenn ich evangelischen Pfarrern so einen Bibeltext gebe, versuche ich immer, die Bilder darzulegen, zum Beispiel das Gleichnis von der verlorenen Drachme, und ich frage: »Schauen Sie mal, was haben Sie verloren?« Dann sagen sie: »Das steht aber nicht da!« Das Wort Gottes wird zu rational betrachtet und es gibt auch fast so etwas wie eine absolute Meinung: »Nur das ist die richtige Auslegung.«

Die Mystiker sind viel freier. Das Gleichnis von der verlorenen Drachme legt Gregor von Nyssa zum Beispiel so aus: Die Drachme ist Christus, meine Mitte habe ich verloren, den Christus in mir habe ich verloren.

Die Frau sucht Christus in den Tiefen des Unbewussten, und als sie die Drachme gefunden hat, feiert sie ein Fest der Ganzwerdung. Gregor beschreibt einfach dieses Bild, dass wir wieder ganz werden, wenn wir Christus in uns finden. Tauler, der auch Mystiker ist, deutet es ganz anders. Er sagt, wenn der Mensch sich eingerichtet hat in der Lebensmitte und sich auskennt, sein Haus gebaut hat, einen Beruf hat, aber seine Mitte verloren hat, seine Drachme, also Christus verloren hat, dann macht es Gott wie eine Frau, die etwas sucht. Sie stellt die Stühle auf den Tisch und verrückt die Schränke, um die Drachme zu suchen. Und so macht es Gott: Er führt den Menschen ins Gedränge, um ihn in seinen Seelengrund zu führen. Natürlich kann man nicht sagen, das steht so in der Bibel, aber für mich ist dieser spielerische und freiere bildhafte Umgang mit der Bibel wichtig, also dass die biblischen Worte auch Bilder sind, die sich in uns »einbilden« wollen.

Der andere Aspekt ist: Was mich manchmal ein bisschen stört, ist, dass manche evangelische Theologen die Bibel zu sehr reduzieren auf Paulus, den Römerbrief, den Galaterbrief, vielleicht noch den 1. Korintherbrief, aber die Evangelien spielen schon kaum noch eine Rolle, die Titusbriefe sowieso nicht, den Jakobusbrief hat Luther selbst eine »strohene Epistel« genannt. Da bin ich dann ganz Biblizist in dem Sinne, dass ich sage, alles ist Bibel und ich muss mich damit auseinandersetzen. Die Frage ist immer: Was heißt das für mich wirklich? Man darf das Wort nicht einfach nehmen ohne Deutung, es braucht eine Deutung.

Ich habe einmal mit dem evangelischen Neutestamentler Ulrich Luz diskutiert, und er meinte, manche Worte der Bibel seien für ihn einfach ärgerlich, die wolle er nicht behandeln. Ich habe geantwortet, das sei nicht mein Ansatz, wenn es ärgerlich sei, hieße das für mich, ich müsse ringen. Aber das Wort steht, da ist die Bibel für mich heilig. Es ist eine Herausforderung, der ich mich stellen muss. Wie ich es dann verstehe, ist eine andere Frage, aber ich muss mich stellen.

Nikolaus Schneider

Da fühle ich mich Ihnen sehr nah. Was in evangelischer Theologie zugegeben ziemlich vernachlässigt wird, ist die Frage danach, was die Verankerung Luthers in der Mystik bis heute für den Protestantismus bedeuten kann. Luther hat die »Theologia Deutsch«, die große deutschsprachige mystische Schrift des 14. Jahrhunderts herausgegeben, kannte Johannes Tauler und Staupitz hat ihn ständig ermutigt, sich bei seinen Zweifeln und auch bei seinem Ringen um seinen Weg doch an Tauler und den Mystikern zu orientieren. Es gab wohl sogar einen Tauler-Lesekreis in Wittenberg, zu dem auch Luther gehörte.

Pater Anselm hat Recht, wir reduzieren Luthers theologischen Ansatz zu schnell auf die reformatorische Entdeckung im Römerbrief und die paulinische Theologie. Dabei gab es auch diese andere, die mystische Seite an Luther. Auch sie hat ihn geprägt und hatte Auswirkungen auf seine theologische Arbeit. Etwa in seiner Freiheit, mit einem bestimmten hermeneutischen Prinzip auf die Bibel zuzugehen, also herauszuarbeiten »was Christum treibet« und von daher dann auch biblische Texte und Bücher wie den Jakobusbrief abzulehnen.

Auch Luthers Freiheit, bei seinen Übersetzungen dem Volk »aufs Maul« zu schauen, damit die Leute den Text richtig verstehen, ist für mich eine Wirkung seiner mystischen Frömmigkeit. Diese Verankerung Luthers in dieser geistlichen Welt der Mystik kam und kommt bei uns kaum vor.

Aber woher kommt diese Unterbelichtung des Spirituellen? Man hat fast den Eindruck, hinsichtlich spiritueller Übungen haben die Protestanten erst in den letzten Jahrzehnten wieder hinzugelernt, zum Teil auch vom Katholizismus. Diese starke rationale Ausprägung, woher kommt das?

Nikolaus Schneider

Das eine ist, wie schon gesagt, die reformatorische Erkenntnis im Römerbrief, verbunden mit dem Humanismus, also dieser Wissenschaftsbewegung, die sagte: mit philologisch sauberer Arbeit zurück zu den Quellen. Also möglichst zurück zum Unverfälschten, um aus dem reinen Wasser zu schöpfen und nicht aus dem etwa durch die scholastische Theologie verdorbenen Wasser. Dieser Impuls ist von protestantischer Theologie stark aufgenommen worden, und von daher gab und gibt es bei uns diese Wissenschaftsorientierung, diese Kopforientierung, das

Verstehen-Wollen. Durchaus mit großartigen wissenschaftlichen Leistungen, aber eben mit einer gewissen inneren Verarmung. Wenn Sie die liberale Theologie sehen, sie hat philologisch Großartiges geleistet. Aber was gab es mit ihr an spirituellem, geistlichem Leben? Das ist doch sehr arm. Frömmigkeit wird in Ethik und dann auch wieder fast in eine Werkgerechtigkeit fordernde Ethik umgesetzt und das Spirituelle ging dabei völlig verloren. Wissenschaftsorientierung halte ich durchaus für eine Stärke, auch die damit verbundene Offenheit, Antimodernisten-Eide oder so etwas kommen für uns dadurch nicht in Frage. Aber wir müssen verwurzelt bleiben in einem geistlichen Leben. Und das ist etwas, was wir Gott sei Dank, auch mithilfe unserer katholischen Schwestern und Brüder, neu entdecken.

Anselm Grün

Ich glaube, das ist nicht alles Luther anzulasten, denn er stand ja in der mystischen Tradition. Er hat zwar die Schrift betont, aber das war nicht rein wissenschaftlich. Ich denke, durch die Aufklärung, auch durch Kant – die evangelischen Theologen folgen vor allem Kant –, ist die Ethisierung gekommen. In der liberalen Theologie ist die spirituelle Dimension dann völlig vernachlässigt worden, darin ging es im Christentum fast nur noch um Moral. Das war im katholischen Bereich auch so.

In Frankreich gab es eine mystische Strömung, zum Beispiel mit Madame Guyon, die wurde auch unterdrückt. Und dann wurde die Kirche nur noch zur moralischen Verbesserungsanstalt. Das war der Tod des Spirituellen. Diese Entwicklung gab es sicher in beiden Kirchen, aber in der protestantischen noch mehr. Luther war ursprünglich in dieser Tradition, er hat Gebete und er hat das Kreuzzeichen noch gemacht jeden Morgen. Es ist schon wichtig, dass wir den ganzen Luther wahrnehmen und nicht nur den Teil, der sich dann ausgebildet hat.

War es eine Stärke des Katholizismus, dass er immer die Ordensgemeinschaften hatte, die im Grunde diesen Schatz des spirituellen Lebens weitertransportiert haben, was der Protestantismus so nicht hatte?

Anselm Grün

Ich glaube schon. Luther war natürlich zu Recht gegen diese Theologie der *vita perfecta*, dass dies ein besserer Weg sei. Da gab es auch viel Missbrauch. Aber die Gemeinschaften haben sich auch immer wieder reformiert im Lauf der Jahrhunderte. Wenn die geistigen Gemeinschaften lebendig waren, waren sie durchaus eine Quelle der Spiritualität. Leider gelangte das aber nicht ins breite Volk. Es gab zwar durchaus Bewegungen um die Klöster herum, man hat schon auch die Menschen im Volk angesprochen, aber das war sicher zu wenig. Die Öffnung für das Volk, für die Laien war bei Luther größer als bei den Klöstern.

Nikolaus Schneider

Unsere Distanzierung von klösterlichem Leben ist in der Tat zwiespältig. Gerade wenn man sieht, welche Kraft zur Erneuerung und Vergewisserung des Glaubens es durch die Zeiten hindurch in den Klöstern und Orden gab und gibt. Auch Luther hat diese Kraft durchaus aus seiner Ordenserfahrung ziehen können. Die andere Seite klösterlichen Lebens aber ist das Elitäre, das damit verbunden sein kann. Und das finde ich nun wieder richtig und großartig bei Luther, wenn er sagt: »Nicht nur ein elitärer kleiner Kreis, sondern möglichst jeder Mann und jeder Frau sollen Orte und Möglichkeiten haben, ihren Glauben zu erneuern und zu vergewissern.« Deshalb versuchte er, das spirituelle Leben unter die Leute zu bringen, es raus in den Alltag der Welt zu bringen. Und das in einfachen Formen und in einem Ausmaß, dass es auch unter den täglichen Bedingungen von Familie und Beruf lebbar ist. Sein Impuls war der Versuch, die guten Traditionen des geistlichen Lebens im Kloster für alle nutzbar zu machen.

Das ist die Positivseite, aber die Negativseite ist, dass im Protestantismus mit dem Abschied vom Mönchtum ein spiritueller Strang der christlichen Geschichte für Jahrhunderte abgeschnitten wurde. Die Wiederentdeckung in den letzten fünfzig, sechzig Jahren ist nur ein schwaches Wiedergutmachen. Oder wie fällt Ihre Bilanz aus?

Nikolaus Schneider

Ich würde die Bilanz nicht so schwarzmalen, weil es in den vergangenen Jahrhunderten durchaus ein gemeinschaftliches geistliches Leben in den Kirchen der Reformation gab. Es gab die Aufbrüche des geistlichen Lebens, die sich mit Phillip Spener und dem Pietismus verbinden. Das war in der Regel keine enge Konventikelfrömmigkeit – die hat es auch gegeben –, sondern eine sozialorientierte Frömmigkeit, die zu den diakonischen Aufbrüchen in unserer Kirche führte. Es gab die Christus-Freundschaften mit einer Christus-Mystik, die eine geistliche Spiritualität pflegten, ähnlich, wie es sie auch in der klösterlichen Bewegung gibt, aber ganz im Sinne Luthers in der Alltäglichkeit des Lebens. Das sind Aufbrüche, die es nach einer Zeit von Orthodoxie, die wirklich verknöcherte, sehr früh wieder im Protestantismus gab. Daraus entstanden auch Anstöße in die Theologie hinein. Aber Abschied und Distanzierung vom Mönchtum in den Kirchen der Reformation waren in der Tat eine – so würde ich aus heutiger Sicht sagen – oft auch unglückliche Auseinandersetzung, bei der man doch an mancher Stelle das Kind mit dem Bade ausgeschüttet hat, und das ist wirklich bedauerlich.

Gibt es ihrer Wahrnehmung nach heute noch einen grundsätzlichen evangelischen Widerstand gegen Mönchtum?

Nikolaus Schneider

Es gibt immer noch einen kritischen Blick darauf. So ein Impuls, Mönchtum mit Katholizismus zu identifizieren ist nach wie vor da, würde ich sagen. Aber es gibt auch eine große Öffnung und große Bereitschaft, klösterliche Frömmigkeitsformen wertzuschätzen und auch daran teilzunehmen, zumindest auf Zeit. Es gibt auch wieder evangelische Kommunitäten, die eigene Wege probieren, wie man solche Formen des Lebens und Glaubens neu etablieren kann. In diesem Sinne gibt es, wenn Sie so wollen, einen ökumenischen Aufbruch.

Anselm Grün

Viele evangelische Pfarrer kommen auch in Klöster. Sie erleben dort eine Heimat und sehen es als Armut, dass sie in der evangelischen Kirche so wenig Möglichkeiten haben, um sich zurückzuziehen. Man könnte zu einem Pfarrerkollegen gehen, aber man geht lieber in einen anderen Bereich, das ist für viele ganz wichtig.

Im Katholizismus gab es natürlich auch eine Laienfrömmigkeit, Volksfrömmigkeit, ob es die Wallfahrten sind oder der Kreuzweg, ob es die Andacht zu den fünf Wunden Jesu sind oder die Passionsandachten, das gemeinsame Gebet des »Engel des Herrn« oder des Rosenkranzes – es gab ganz viele Formen. Mein Mitbruder Pater Fidelis Ruppert meinte einmal, die Volksfrömmigkeit habe den Glauben gerettet, die Theologie rette sie nicht. Es muss in die Seele hineingehen. Die Sprache der Volksfrömmigkeit ist natürlich oft fremd für uns, die Andachten zu den fünf Wunden Jesu zum Beispiel kann man heute kaum lesen, und trotzdem ist es der Versuch, die biblische Botschaft therapeutisch in den Alltag zu übertragen. Die vierzehn Kreuzwegstationen, die Verwandlung unseres Leids in diesen vierzehn Stationen, oder die fünf Wunden Jesu, die Fußwunden, wo ich kein Selbstvertrauen habe, die Handwunde, wo ich festgenagelt worden bin, all das sind Bilder. Das hat ganz viel tiefe Frömmigkeit in den Menschen ermöglicht, genauso wie in den evangelischen Kirchen durch das Bibellesen und durch Losungen.

Der Pietismus war auch ein spiritueller Aufbruch und zugleich ein Gegengewicht gegen die Aufklärung. Im katholischen Bereich ist damals als Gegengewicht gegen die Aufklärung die Wallfahrt wieder entstanden, vor allem entstanden auch Marienwallfahrtsorte, weil Maria natürlich – wenn man die Theologie einmal wegnimmt – psychologisch einfach im Gegensatz zum Rationalen das Emotionale betont. Es ist also parallel in den verschiedenen Kirchen ein Bedürfnis nach Spiritualität da, es hat sich nur anders ausgeprägt. Alle Formen haben auch ihre Schattenseiten. Im

Pietismus gab es auch welche, die sehr eng waren, aber insgesamt war der Pietismus eine Art von mystischem Aufbruch, wo die Christus-Mystik und das Emotionale wichtig wurde.

Nikolaus Schneider

Ich möchte an einen vorherigen Gesprächskern anknüpfen, in dem es um ein rechtes Maß intellektueller Theologie und den notwendigen Zusammenklang von Theologie und Herzensfrömmigkeit ging. Ich weiß noch, wie wir Ende der 1960er- und Anfang der 1970er-Jahre des letzten Jahrhunderts in den exegetischen Disziplinen des Theologie-Studiums darauf getrimmt wurden zu fragen: »Was steht da?« Exegese, nicht Eisegese, also nicht in den Bibeltext hineinlesen, sondern aus dem Bibeltext herauslesen, war das Motto. Das hieß damals auch: keine Psychologisierung! Sondern fragen: Was ist der Skopus des Textes? Nur den gilt es herausarbeiten und den Menschen zu predigen. Für die gemeindliche Arbeit war diese Verengung nicht hilfreich. Viele haben einen Schock bekommen, als sie in die Gemeinde kamen und merkten, mit dieser Art von exegetisch reduzierten Predigten erreiche ich keinen Menschen, diese verkopfte Theologie hilft den Menschen nicht. Für die Auseinandersetzung mit biblischen Texten ist sie durchaus wertzuschätzen, aber dann muss ich auch lernen, dieser wissenschaftlichen Arbeit ihren Ort zuzuweisen und in der Verkündigung des Evangeliums und in der Seelsorge freier zu werden.

Pater Anselm, all diese Elemente, die Sie beschrieben haben, Rosenkranz, Kreuzwegstationen, Pilgerwege, Wallfahrten, bringen, wie Sie sagten, eine emotionale Seite, eine sinnliche Seite in den Glauben. Das sind Dinge, die Protestanten eher skeptisch sehen. Wo liegen für Sie die Stärken dieser Form ganzheitlicher Spiritualität?

Anselm Grün

Der Leib ist ein ganz wichtiger Teil des geistigen Lebens. Karl Barth ist es sicher wichtig, das Wort Gottes zu betonen, aber für mich ist das etwas zu »sinn«-los. Er hat zwar Mozart gehört, das war seine Weise, die

Sinnlichkeit mit hineinzunehmen, aber seine Theologie ist mir zu abstrakt. Der Glaube will gelebt werden, durch den ganzen Leib. Schon in der frühen Kirche hat man mit dem Leib gebetet. Die Gebetsgebärden waren der Weg, die Beziehung zu Gott auszudrücken. In 1 Tim 2,8 heißt es: Die Männer sollen in Reinheit ihre Hände zum Gebet erheben. Man hat in der frühen Kirche immer mit den Händen gebetet, nicht nur mit dem Kopf. In den leibhaften Gebärden werden Gefühle ausgedrückt, die durch das Sprechen allein nicht so zum Ausdruck kommen. Und der Leib wird in die Beziehung zu Gott hineingenommen. Das geschieht auch beim Pilgern. Gerade für Männer ist das ein guter Weg, seinen Glauben zum Ausdruck zu bringen, indem ich mich auf den Weg mache.

Nikolaus Schneider

Ich glaube, diese Skepsis gegen sinnliche und emotionale Seiten unseres Glaubens kommt daher, dass Emotionen auch ein Eigenleben entwickeln können und wir dann nicht wissen und nicht kontrollieren können, wohin uns das führt. Unkontrollierte Emotionen können uns etwa auf esoterische Abwege führen oder in ungute Bindungen an einzelne Gurus. Und sie könnten auch dazu führen, dass Glaube und Theologie sich zu politischen Handlangern machen lassen. Karl Barth war völlig erschlagen von der Kriegstheologie des Ersten Weltkrieges, wo Menschen in Deutschland sich dem Kaiserkult geradezu anheimgegeben haben und emotionale Kriegspredigten gehalten wurden, für die man sich heute nur schämen kann. Das ist sicher mit ein Grund für seine dialektische Theologie, die gesagt hat: »Das Wort Gottes stellt erst mal uns infrage, gerade auch im Blick auf unsere Emotionen.«

Anselm Grün

Das war sicher eine wichtige Antwort auf die damalige Theologie oder auch liberale Theologie. Das hat mich auch fasziniert, aber irgendwann war es eine Überforderung für mich, es war mir zu sehr von außen her kommend.

Diese Frage nach der Ganzheitlichkeit oder der zu engen Rationalität des Glaubens spiegelt sich auch im gottesdienstlichen Leben, das ist von außen für jedermann erkennbar. In der katholischen Kirche ist viel Bewegung, viel Wallen, viel Aufstehen, viel Knien, es klingelt, es duftet. Einen Protestanten sieht man nie auf den Knien im Gottesdienst.

Nikolaus Schneider

Selten, es gibt schon Protestanten, die knien bei den Einsetzungsworten des Abendmahles. Ich selbst habe dabei aber den Impuls, zu stehen. Unsere Gottesdienstformen muss man auch wieder aus der Reformationszeit heraus verstehen. Die Messe war etwas sehr Elitäres zu Luthers Zeiten. Wer agierte in der Messe? Das waren die Priester. Es war ein Chor dabei, die Schola. Das Volk Gottes stand und hörte und schaute. Beteiligung gab es, wenn Gemeindeglieder die Hostie bekamen, im Übrigen waren sie nur Zuschauer. Und hier griff der Impuls aus der Reformation zu sagen: »Das kann so nicht sein. Das Volk Gottes soll den Gottesdienst tragen. Welche Formen brauchen wir, dass das möglich wird?« Von daher spielen Gemeindegesang und das gemeinsame Gebet eine wichtige Rolle.

Die wichtigste Rolle aber spielte jetzt nicht mehr die Eucharistie, sondern die Predigt. Die Predigt sollte kein Anpredigen der Menschen sein, bei dem der Pfarrer dem Kirchenvolk theologische Gedanken von der Kanzel herab verkündigte. Das Predigen wird verstanden als ein hochkommunikativer Akt zwischen dem Prediger und den Gläubigen. Christus ist nach reformatorischer Lehre im Wort der Predigt gegenwärtig. Die Predigt des Wortes Gottes soll zum Wort Gottes werden, aber nicht magisch dadurch, dass der Prediger bestimmte Formeln spricht, sondern dadurch, dass die Menschen die Predigt als Gottes Wort hören. Die Hörenden entscheiden im Glaubensvollzug darüber, wie die Predigt wirkt und was die Wahrheit der Predigt ist. Und von daher ist das, was später zu einer verengenden Verkopfung wurde, erst einmal als das komplette Gegenteil gedacht gewesen. Intendiert war eine Öffnung und Weitung des Gottesdienstgeschehens, das Hineinnehmen aller derer, die im Gottesdienst waren. Leider hat es dann Entwicklungen gegeben, die das intellektuelle Verstehen völlig überbetont haben, als ginge es Gott in erster Linie um eine intellektuelle Elite.

Aber das Kultische, das, was den katholischen Gottesdienst mit prägt, fällt weg. Formen der Verehrung fallen weg. Man geht nicht auf die Knie, die rituellen Vollzüge mit Weihrauch fehlen. Erleben sie da eine Einseitigkeit und gibt es heute Tendenzen, den Gottesdienst von der Verkopfung ein Stück zurück in die Ganzheitlichkeit zu führen?

Nikolaus Schneider

Eigentlich geht es der Reformation doch um einen ganzheitlichen Ansatz, auch wenn der in unseren gottesdienstlichen Formen oft nicht zum Tragen kommt. Aber Luther wollte durchaus, dass der Glaube die ganze Person erfassen und nicht nur ein äußerlicher Akt sein sollte. Wie es auch die erste von Luthers 95 Thesen sagt: »... dass unser ganzes Leben eine Buße sei.« Mit Leib und Seele den Glauben leben, alle Alltage und Sonntage als Gottesdienst verstehen und gestalten, das ganze Leben als Zeit der Buße zu begreifen – ich denke, ganzheitlicher geht es nicht!

Aber in dieser Ganzheitlichkeit des Glaubenslebens steckt auch ein Moment der Überforderung. Man kann und will das nicht immer. Es ist gut und es tut gut, wenn wir uns den Glauben nicht immer intellektuell aneignen müssen. Wenn wir uns sozusagen auch manchmal in tradierten religiösen und liturgischen Formen ausruhen und bergen können. Das ist ein Element, das nun auch im Protestantismus wieder neu gelernt und neu wertgeschätzt wird: dass ein Ritus und eine Form, auch wenn sie als Äußerlichkeit wirken, doch eine tragende Kraft haben können, die dem Glauben des Einzelnen guttut.

Pater Anselm, müssten Sie nicht einwerfen, dass es gerade für diese Aneignung des Glaubens das Ritual braucht, die Körperlichkeit, den ganzen Leib?

Anselm Grün

Natürlich gab es im Mittelalter die Trennung zwischen Volk und Priester, das war sicher schwierig. Es gab dann auch Formen der Volksfrömmigkeit, zum Beispiel die Anbetung der Hostie, das war praktisch die Mystik des Schauens und das war die Form der Frömmigkeit für die Laien. Ich denke schon, dass das die Menschen auch geprägt hat, aber es war trotzdem eine Trennung. Durch den reformatorischen Impuls hat sich auch in der katholischen Kirche etwas gewandelt, die aktive Teilnahme des Volkes am Gottesdienst ist mehr betont worden. Aber die Formen waren im katholischen Bereich anders. Die Körperlichkeit, die Sinnlichkeit spielten in der Liturgie eine wichtige Rolle. Liturgie war nicht nur Hören der Predigt, sondern heiliges Schauspiel. Das Schauspiel verwandelt den Menschen. So hat es Lukas gesehen. Er beschreibt den Tod Jesu als Schauspiel, das die Menschen, die es sehen, verwandelt. Sie klopfen sich an die Brust und gehen verwandelt nach Hause (Lk 23,48).

Diese Idee des Schauspiels ist mir wichtig. Natürlich kann sich alles verselbständigen, das Wort kann sich verselbständigen, der Ritus auch, und es braucht immer die Spannung, dass beides da ist. Ich erlebe in der evangelischen Kirche, dass gerade die Pfarrerinnen, die Frauen ganz offen sind für Rituale. Man hat manchmal das Gefühl, sie überholen uns jetzt, weil sie manchmal sogar mehr Rituale machen, zum Beispiel Salbungsrituale und so weiter. Eine Pfarrerin wollte unbedingt den katholischen Taufritus übernehmen. Sie sagte natürlich nicht, dass es ein katholischer Taufritus ist, aber danach sagten die evangelischen Teilnehmer: »Das war jetzt eine schöne Taufe.« Ich denke, es ist heute viel Miteinander da. Früher gab es eine Vereinseitigung, weil im Mittelalter das Volk zu sehr vom heiligen Geschehen getrennt war. Aber man darf das Mittelalter auch nicht schwarz-weiß sehen, es gab durchaus auch Vermittlungen zum Volk hin.

Herr Schneider, Sie sind als Präses der rheinischen Landes-
kirche eingeladen gewesen und haben teilgenommen an der Heilig-
Rock-Wallfahrt in Trier. Wie war das für den evangelischen Christen
Nikolaus Schneider?

Nikolaus Schneider

Es war zunächst eine große innere Anstrengung. Ich war ja nicht der erste, schon mein Vorvorgänger Peter Beier hatte das gemacht, und ich weiß
noch, wie ich damals als Superintendent bei einer Superintendentenkon-
ferenz von unserem Präses Peter Beier hörte: »Ich lade gemeinsam mit
Bischof Spital von Trier zur Heilig-Rock-Wallfahrt ein.« Da haben wir
uns alle angeguckt und gesagt: »Jetzt spinnt er völlig.« Einige wussten
sofort, was Luther zu dieser Heilig-Rock-Wallfahrt gesagt hat, die es zur
Reformationszeit schon gab und die Luther als Veräußerlichung und als
Werkgerechtigkeit massiv abgelehnt hat. Zu meinen, man kann sich das
Heil erlaufen, das ging für Luther überhaupt nicht.

Peter Beier blieb damals standhaft. Er dichtete sogar ein Lied zu dieser
Wallfahrt. Und ich lernte von ihm, dass ökumenische Gemeinschaft es
auch erfordert, über den Schatten unserer Vorurteile zu springen. Ich
habe die Wallfahrt dann als Präses in dieser ökumenischen Tradition
mitgemacht, auch wenn das wiederum zu Debatten in unserer Kirche
führte. Es gab Gemeinden, die sich diesem ökumenischen Akt bewusst
verweigert haben, und auch im Kreis der Superintendenten gab es einige,
die sagten: »Nein, das machen wir nicht, das ist uns nicht klar genug
evangelisch.«

Der Zugang für Peter Beier und für mich war, dass diese Heilig-Rock-
Wallfahrt von den Trierer Bischöfen eben nicht als eine Wallfahrt zu einem
Stück Textil gedeutet wurde, sondern als ein Christus-Weg, und einen
Christus-Weg kann ich gut gehen. Und die Bischöfe, sowohl Spital wie
zu meinen Zeiten Ackermann, haben die Wallfahrt ökumenisch geöffnet,
indem sie evangelische Christen auch in die Vorbereitung einbezogen
haben. Wir waren beteiligt an den vorbereitenden Teams und konnten
inhaltlich Einfluss auf die Gestaltung nehmen.

Was haben Sie mitgestaltet, wie sah der evangelische Einfluss konkret aus?

Nikolaus Schneider

Er sah konkret so aus, dass Lieder mit Christusbezug gewählt wurden, dass bei den Andachten evangelische Pfarrerinnen und Pfarrer beteiligt waren, dass gemeinsame Gebete auch gemeinsam formuliert wurden, dass Andachten und Gebete auf Christus hin orientiert waren. Es gab einen expliziten Ökumenetag, an dem ich zum ersten Mal mit Kardinal Koch diskutiert habe, dem Präsidenten des Päpstlichen Rats für die Einheit der Christen. Das war für mich ein bisschen schwierig, weil Kardinal Koch eher das Abgrenzende betonte, während wir das Ganze so angelegt hatten, dass das Gemeinsame betont wird. Aber auch das ist Ausdruck einer Realität unserer ökumenischen Bemühungen, mit der wir uns auseinandersetzen müssen. Und man merkte, wo die Sympathien lagen, was die Leute aus beiden Konfessionen in Trier wollten: Sie wollten das Gemeinsame betonen und stärken.

Anselm Grün

Ob der Rock, der bei der Wallfahrt verehrt wird, nun von Jesus ist oder nicht, ist wirklich nicht so wichtig. Er ist ein Symbol. Der Rock hat keine Naht, und »ohne Naht« war für die Kirchenväter immer ein Symbol für die eine Kirche. Dass der Rock von oben nach unten gewebt ist – normalerweise webt man von unten nach oben –, bedeutet, dass von Gott die Einheit kommt. All diese alten Formen der Symbolik sind ein Schatz, aber nur dann, wenn man sie wieder neu deutet. Und ich glaube, wir können viele dieser traditionellen Formen heute gemeinsam deuten und, dass katholische wie evangelische Christen in der Lage sind, das zu akzeptieren. Solche Wallfahrten sind einfach ein Anlass, etwas zu tun, und im Tun geschieht Gemeinschaft. Aber es muss natürlich theologisch so gedeutet werden, dass es nicht gegen die Theologie der Reformation verstößt. Der Anstoß von Luther ging immer gegen die Verabsolutierung von äußeren Dingen. Aber er war kein Bilderstürmer, er hat die Bilder gelassen und das ist auch wichtig. Wenn man alle Bilder stürmt, ist das ein Verlust.

Es gibt großes Interesse an Wallfahrtswegen, ich denke an den Luther-Weg, der sich von Worms nach Wittenberg zieht oder den Elisabeth-Weg, eine auch von vielen Evangelischen begangene Route zwischen Marburg und Eisenach. Offenbar gibt es keine bleibenden evangelischen Vorbehalte gegen solche Frömmigkeiten, oder?

Nikolaus Schneider

Es gibt eher ein Interesse und eine neue Offenheit, denn das Reizvolle an Pilgerwegen ist ja: Ich mache körperliche Erfahrungen, die mich meinen Glauben neu und anders reflektieren lassen. Das Zusammenspiel von Körper, Geist und Glauben zu erleben, ist stärkend und kann uns weiterbringen in unserem geistlichen Leben.

Anselm Grün

1972 sollte ich als junger Priester eine Wallfahrt auf den Kreuzberg mitmachen, das sind sechzig Kilometer und dauert insgesamt vier Tage: eineinhalb Tage hin, ein Tag dort, und dann wieder zurück. Damals war ich doch etwas skeptisch – in den 1970er-Jahren waren auch die Katholiken eher skeptisch –, aber ich habe die Wallfahrt dann mitgestaltet.

Die Leute sind mit Blasmusik durch die Dörfer gezogen und haben gesungen, und ich habe sie beobachtet und mich gefragt: Was macht das mit den Menschen? Und dann habe ich gemerkt, wie meine theologische Skepsis auf einmal verschwand. Ich habe gespürt, wie sich in den Leuten etwas verwandelt, wenn sie da singen und sich anstrengen, auf den Kreuzberg zu wandern. Es ist ein Gemeinschaftserlebnis, ein spirituelles Erlebnis, man betet miteinander. Es kommt immer auf die Deutung an.

Nikolaus Schneider

Und darauf, was solche Frömmigkeitsformen mit den Menschen machen. Als Gemeindepfarrer habe ich erlebt: Wenn wir nah bei den Menschen sind, sie wirklich wahrnehmen und das ernst nehmen, was wir wahrnehmen, ist das eine Kraft, die Theologie gestaltet und Theologie verändern kann – auch hin zu einer größeren ökumenischen Offenheit und Weite.

Es kommt darauf an, unsere theologischen Vorprägungen nicht zur Ideologie werden zu lassen. Wir müssen bereit sein, unsere eigenen Vorprägungen zu hinterfragen und weiterzuentwickeln und vor allem: Glaubende mit anderen Frömmigkeitsformen zu respektieren und ernst zu nehmen.

Anselm Grün

Vielleicht noch ein Beispiel: Ich habe eine evangelische Pfarrerin aus dem Osten begleitet und sie erzählte mir, die Feuerwehr habe sie gebeten, ihr neues Auto zu segnen. Sie weigerte sich aber: »Als evangelische Pfarrerin segne ich keine Gegenstände.« Ich habe ihr geantwortet: »Sie dürfen da nicht so ideologisch sein. Es ist viel wichtiger, mit den Leuten auf der Straße in Berührung zu kommen. Sie müssen ja nicht unbedingt das Auto segnen, sondern können ihre Arbeit segnen.« An diesem Beispiel merkt man: Ihre Ideologie hat sie von den Menschen getrennt.

Nikolaus Schneider

Die Vorbehalte der Pfarrerin kann ich gut nachempfinden, das ging mir auch so. In meiner Gemeinde in Moers gab es die gleiche Situation, in der ich sehr froh war, dass auch der katholische Pfarrer eingeladen worden war. Der hat dann das Feuerwehrauto mit Weihwasser gesegnet und ich habe das Gebet gesprochen. Aber diesen Impuls zu sagen: »Nein, Sachen werden nicht gesegnet«, hatte ich auch. Diese theologische Vorprägung werden wir nicht so einfach los. Aber Sie haben völlig recht: Die Bitte um Segnung – auch wenn es sich dabei um Sachen handelt – ist eine Chance, den Menschen nahe zu sein und ihnen Gottes Geleit zu vermitteln. Man sollte so eine Chance nicht einfach apodiktisch ablehnen.

Herr Schneider, Sie hatten eben bei der Frage nach der Spiritualität des Protestantismus das Stichwort »Katechismus« genannt. Das ist für Katholiken alles andere als ein Wort, das man mit der Spiritualität verbindet. Helfen Sie uns zu verstehen, was damit gemeint ist.

Nikolaus Schneider

Gemeint ist, dass auch im geistlichen Leben bestimmte Vorstellungen geklärt werden müssen, es also auch ein bestimmtes Wissen braucht, um den Gestaltungsformen seines geistliches Lebens inhaltliche Tiefe geben zu können. Katechismus heißt: die Grundlagen unseres Glaubens darzustellen, sie zu elementarisieren, ohne sie zu simplifizieren. Das war der Ansatz, der Luther in seinem »Kleinen Katechismus« nach meiner Ansicht gut gelungen ist. Luther hat in ihm die Hauptstücke des christlichen Glaubens erklärt – also Glaubensbekenntnis, Sakramente, Vaterunser – ganz elementar und mit Erläuterungen, die bis heute tragen.

Die Klärung von Begriffen, Vorstellungen und Interpretationsmöglichkeiten ermöglicht beispielsweise einen neuen Zugang zum Beten des Vaterunsers. Der Katechismus kann mir verdeutlichen, wo und wie ich im Vaterunser vorkomme, warum und wie seine Bitten auch für mich und meine konkrete Situation voller Sinn sind. Die Bitte »Unser tägliches Brot gib uns heute« etwa zielt auf weit mehr, als auf die Stillung meiner persönlichen leiblichen Hungergefühle. Das macht Luther deutlich, wenn er im Kleinen Katechismus auf die Frage »Was heißt denn täglich Brot?« antwortet: »Alles, was nottut für Leib und Leben, wie ... fromme Eheleute, fromme Kinder ..., Friede, Gesundheit, ... gute Freunde, getreue Nachbarn und desgleichen.« Diese Erläuterungen helfen mir, mich in diesem Gebet wiederzufinden. Das meinte ich mit einer Spiritualität, die in besonderer Weise durch Katechismus geprägt ist.

Welchen Ort hat das im Leben eines Protestanten? Ich kenne es insofern, als man als Konfirmand diese Dinge auswendig lernt.

Nikolaus Schneider

Genau. Der Konfirmandenunterricht ist ein wesentlicher Zugang zum Katechismus, aber der Zugang wird manchmal schon im schulischen Religionsunterricht vorbereitet. Teile des Katechismus spielen auch im Kindergottesdienst eine Rolle oder in der kirchlichen Jugendarbeit. Da wird nicht nur vorgelesen, gespielt und Sport getrieben, sondern es gibt auch einen geistlichen Rahmen, in dem etwa das Vaterunser regelmäßig vorkommen kann. Im kirchlichen Unterricht, also im Katechumenen- und Konfirmandenunterricht, geht es dann neben dem Auswendiglernen auch um eine vertiefte Beschäftigung mit den Katechismus-Stücken. Als Gemeindepfarrer habe ich es so gehalten, dass das Vaterunser regelmäßig gesprochen wurde – das gehörte bei mir in jeder Stunde dazu –, damit Konfirmanden es verinnerlichten und auch textsicher wurden. Ich wollte, dass sie auch später als Erwachsene in den verschiedenen Situationen ihres Lebens mit diesem Gebet verbunden bleiben. Selbst bei der Sterbebegleitung habe ich es erlebt: Sterbende, die kaum noch reagieren konnten, bewegten ihre Lippen und versuchten mitzusprechen, wenn ich ihre Hand hielt und das Vaterunser betete.

Ist denn die Art, wie Luther das erschlossen hat, also in den kommentierenden Texten, heute noch vermittelbar? Das wird zum Teil noch wortwörtlich gelernt im Konfirmationsunterricht. Ist da nicht der Graben von 500 Jahren zu breit?

Nikolaus Schneider

Wortwörtliches Auswendiglernen von Luthers Erläuterungen reicht in der Tat nicht. Luther hat sie in den Alltag seiner Zeit hinein formuliert. Aber die wichtigen Gebete und Bekenntnisse unseres Glaubens zu kontextualisieren, also auf unser alltägliches Leben zu beziehen, diesen Ansatz von Luthers Katechismus halte ich für modern.

Katechismen, zumindest so wie Luther es im »Kleinen Katechismus« vorgelegt hat, sind ein Stück »Alphabetisierung« des Glaubens. Wir haben heute eine noch christlich geprägte Kultur in unseren Breiten, aber es gibt ein unglaubliches Defizit an Glaubenswissen. Wären Katechismen zur »Alphabetisierung« im Glauben heute wieder nötig?

Anselm Grün

Zwei Aspekte fallen mir dazu ein: Zum einen klagen viele Lehrer, dass die Kinder kein Vaterunser und kein Glaubensbekenntnis mehr kennen, also dass das Wissen einfach fehlt. Wenn ich an den Katechismus denke, habe ich natürlich nicht so gute Erfahrungen, da erinnere ich mich an dogmatischen Wahrheiten: Wozu sind wir auf Erden? Das war die erste Frage, das war für mich eine fremde Sprache. Aber die Vergewisserung des Glaubens finde ich schon wichtig. Ich habe jetzt in einem Buch versucht, das Glaubensbekenntnis auszulegen, weil ich oft höre: »Ich glaube irgendwie an Gott, aber all das, was die Kirche vorschreibt, Jesu Auferstehung, Jungfrauengeburt, kann ich nicht glauben. Was wir da im Credo beten, kann ich nicht glauben.« Deswegen braucht es eine Hinführung. Für mich ist jede Glaubenswahrheit eine Einführung in das Geheimnis, und es hat etwas mit mir zu tun, mit meinem Leben. Neulich schrieb mir ein Psychologe, der durchaus kirchlich ist, aber momentan eine Glaubenskrise hat, ob er tatsächlich diese alten Sätze von einigen Kirchenvätern glauben soll, das sei für ihn etwas Fremdes. Hier ist es wichtig zu spüren: Es ist nichts Verrücktes, was wir da glauben, sondern der Versuch, das Geheimnis unseres christlichen Daseins zur Sprache zu bringen. Natürlich bleibt das Geheimnis immer offen, aber ich finde es wichtig, auch Glaubensformeln zu haben. Wir sprechen am Sonntag immer das Nicänische Credo, und ich habe gefragt: Was heißt das denn? Die Bildhaftigkeit dieser Worte ist eine wichtige Herausforderung. Es gibt natürlich den neuen offiziellen Katechismus der Katholischen Kirche, den Ratzinger und Schönborn verfasst haben, aber ich muss ehrlich sagen, dass er mich nicht besonders interessiert. Er legt eher nochmal die Dogmatik und die Moral aus, aber manchmal auf eine zu plakative Weise.

Nikolaus Schneider

Ich finde auch, Katechismen sollten nicht »Dogmatik light« sein, sondern eine andere Zielrichtung haben, nämlich die Implementierung von geprägten und tradierten Glaubensstücken ins Leben.

Wo ist da der Unterschied?

Nikolaus Schneider

Eben die Zielrichtung. »Dogmatik light« heißt: In vereinfachten und elementarisierten Sätzen Dogmatik zu erklären. Implementierung ins Leben heißt: In alltägliche Lebenssituationen zu übersetzen, was in diesen geprägten Texten gesagt wird. Das ist etwas anderes.

Die Frage ist ganz elementar, denn viele wachsen familiär heute im Grunde ganz ohne Glaubensvermittlung und Glaubenswissen auf. Dieser Spagat, Dinge elementar klarzumachen und das Geheimnis zu wahren, wie kann er gelingen?

Anselm Grün

Ich versuche immer, alle Glaubenswahrheiten so auszulegen, dass das Geheimnis Gottes und das Geheimnis des Menschen auf neue Weise sichtbar werden. Was wir im Credo bekennen, hat immer auch mit uns selbst zu tun. Es sind letztlich heilsame Worte, Worte, die mir zeigen, wie Menschwerdung geht, wie unser Leben gelingen kann. Alle Glaubenswahrheiten sind letztlich auch theologische Wahrheiten, sie haben etwas mit unserer Erlösung und mit unserem Heil zu tun. Was heißt das: Christus sitzt zur Rechten des Vaters? Ist das einfach nur eine Aussage oder hat das etwas mit mir zu tun, dass da ein Beistand ist, dass ich nicht allein gelassen bin, dass einer für mich eintritt. Es ist wichtig, all das existenziell auszulegen.

Nikolaus Schneider

Bei all unseren theologischen Gedanken und Erläuterungen das Geheimnis Gottes demütig zu achten, ist auch mir wichtig. Und jeder, der in einer Partnerschaft lebt – ich bin nun bald fünfzig Jahre mit meiner Frau zusammen –, weiß, auch wir Menschen bleiben uns selbst und einander ein Stück weit Geheimnis. Das Offenhalten des Geheimnisses des Glaubens muss auch in Katechismen gewahrt werden.

Anselm Grün

Ich habe es, glaube ich, schon erwähnt: Wenn Mozart das Credo vertont, merkt man auch seine Theologie. *Descendit* ist ganz wichtig, Gott ist herabgestiegen, oder *incarnatus*: Er ist ins Fleisch gekommen. Das sind alles nicht nur abstrakte Glaubenswahrheiten, sondern es hat etwas mit unserem Heil zu tun, dass der Geist ins Fleisch muss. Und diese Verbindung von Glauben und Leben muss jede Zeit neu leisten. Luther hat es für seine Zeit geleistet, vermutlich braucht es heute eine andere Sprache. Aber den Ansatz kann man weiterführen.

Die Aufgabe der Katechese wird heute an vielen Orten geleistet, durch Bücher, durch Pfarrer, durch Lehrerinnen und Lehrer. Es gibt aber außer dem Katechismus von Luther keinen irgendwie »approbierten« Text, der dieses Werk von Luther heute in unserer Sprache noch einmal versucht, oder?

Nikolaus Schneider

Doch, solche Versuche gibt es durchaus. »Gott im Alltag dienen« ist die Überschrift eines Versuches, »Denk' nach mit Luther« ein anderer. Aber diese Sprachkraft, in ganz kurzen und prägnanten Sätzen zu sagen, worauf es ankommt, das ist eine Kunst, die nur wenige schaffen. Luther konnte das, das muss man sagen.

In dem Zusammenhang steht auch die Musik, denn sie ist ebenfalls ein katechetisches Mittel zur Bildung der Gläubigen. Für uns ist das heute selbstverständlich, aber dahinter steht eine nicht zu unterschätzende Kulturleistung, die wir Luther verdanken.

Nikolaus Schneider

Luthers Kulturleistung war, dass er Melodien seiner Zeit – weltliche und geistliche Melodien – aufgenommen hat und dann Glaubensinhalte in einer sehr anschaulichen Sprache mit dieser Musik verbinden konnte. Ich denke etwa an sein Weihnachtslied »Vom Himmel hoch, da komm ich her«, das Menschen durch die Jahrhunderte anspricht, Kinder wie Erwachsene und Alte. Luther konnte in ganz genialer Weise die Musik mit emotionalen sprachlichen Bildern verbinden, die unmittelbar einleuchten und sich den Menschen einprägen. Da könnten wir jetzt einige seiner Lieder durchgehen bis hin zu der »Luther-Marseillaise«: »Ein feste Burg ist unser Gott«. Im Singen dieses Liedes spüre auch ich, der ich äußerlich in gesicherten Verhältnissen glaube und lebe, diese Hoffnung, dass Gott mir ein innerer Schutzraum ist, dem ich mich im Gebet und im Glauben anvertrauen kann, wenn mir Schicksalsschläge zugemutet werden. Glaubenszuversicht in Liedern zu vermitteln, hat Luther wirklich grandios hinbekommen. Auch wenn manche Textstellen für manche Glaubenden problematisch sind. Meine Frau etwa mag es nicht, wenn ich mitsinge: »Nehmen sie den Leib, Gut, Ehr, Kind und Weib: lass fahren dahin, sie haben's kein' Gewinn, das Reich muss uns doch bleiben.« Ich kann schon theologische Gründe nennen, das so zu singen, aber ich kann diese Gründe nur schwer oder gar nicht vermitteln. Hier klingt für viele mit: Frauen und Kinder sind im Vergleich zu Gott nichts wert, die kann man einfach so hingeben. Das kann so nicht wahr sein. Und ich bin sicher, das hat Luther auch so nicht gemeint. Aber da sind wir gefordert, im Zweifelsfall auf das Mitsingen zu verzichten. Also: ich will nicht durchstreichen und nicht neu dichten, sondern will es einfach stehenlassen. Denn es gibt Zeiten, in denen Glaubende diese massive Bindung an Gottes ewiges Reich singen müssen, um Gefährdung und Verlust aller irdischen Bindungen zu ertragen. Wenn am Reformationstag in einer großen Gruppe mit Posaunenchor »Ein feste Burg ist unser Gott« gesungen wird, dann hat das schon Jericho-Qualität. In diesen Momenten merkt man, was Luther mit der Musik und solchen starken Bildern leisten konnte, aber nicht nur Luther. Die Reformation war eine Singe-Bewegung, und wir haben das große Glück, dass viele hochbegabte Musiker, Kompositeure und Liederdichter sich der Reformation angeschlossen haben. Die Lieder von Paul Gerhard etwa, der in den furchtbaren Zeiten des Dreißigjährigen Krieges und trotz vieler persönlicher Schicksalsschläge noch von Gottvertrauen singen konnte, sind bis heute für ganz viele Menschen Trost und Halt in leidvollen Situationen.

Aber »Ein feste Burg ist unser Gott« konnte auch bis vor wenigen Jahren geradezu kämpferisch und in Abgrenzung gesungen werden.

Nikolaus Schneider

Religiöse Identität wird leider häufig auch durch Abgrenzung gewonnen. Dass man sagt und singt, nur die eigene Gemeinschaft habe den einzig wahren und richtigen Glauben. So funktioniert das vor allem, wenn es streitig zwischen Konfessionen zugeht. In der augenblicklichen ökumenischen Gesprächslage kann ich mir das nicht vorstellen. Hier singen wir ökumenisch gemeinsam: »Ein feste Burg ist unser Gott«, denn das gilt in gleicher Weise für Pater Anselm, wie es für mich gilt. Ich singe es nicht gegen ihn.

Warum ist es so, dass in der evangelischen Kirche oft ganz viele Strophen gesungen werden und in der katholischen manchmal nur so wenige?

Nikolaus Schneider

Wenn Sie so ein Glaubenslied singen, dann soll auch der Zusammenhang der Glaubensaussagen in den Strophen entfaltet werden.

Das Lied hat dann eine starke Bildungsdimension.

Nikolaus Schneider

Ja, auch. Wenn ich mich mit dem Organisten über die Lieder des Sonntags unterhalten habe, dann sind wir auch immer die Texte durchgegangen und haben überlegt: Welche Strophen bringen das jetzt zum Ausdruck, was wir im gesamten Ablauf des Gottesdienstes vermitteln wollen? Dabei fühlten wir uns aber durchaus frei, uns auf eine begrenzte Auswahl der Strophen zu beschränken. Meine Erfahrung ist: Wenn die Melodien nicht zu kompliziert sind und eine sängerfreundliche Tonlage haben, singen Gemeindeglieder gern und man kann durchaus länger singen. Singen ist übrigens auch eine körperliche Erfahrung, die uns guttut.

Dann müssen wir aber auch nochmal klären, was das katholische Kirchenlied vom evangelischen Kirchenlied unterscheidet. Gibt es da Unterschiede?

Anselm Grün

Kurz nach der Reformation sind auch in der katholischen Kirche etliche neue Lieder entstanden, zum Beispiel von Friedrich Spee: »O Heiland, reiß die Himmel auf« – vor allem Weihnachtslieder gab es viele. Die meisten Lieder, die im Volk gesungen wurden, sind allerdings noch etwas später entstanden: im 16. Jahrhundert und in der Barockzeit. In der Zeit der Romantik wurden dann zahlreiche Lieder verfasst, die sehr emotional waren.

Anbetungslieder?

Anselm Grün

Anbetungslieder, auch Marienlieder, die haben auch etwas Emotionales, aber auch viele andere, »Großer Gott, wir loben dich« zum Beispiel. Bei vielen Liedern war es so, dass die Katholiken sie unbewusst von den

Evangelischen übernommen haben, schon in der Reformation war das so, aber auch im 16./17. Jahrhundert, und die Evangelischen haben auch katholische Lieder übernommen.

Nikolaus Schneider

Was sich bewährt, übernimmt man.

Anselm Grün

Ja, das war damals schon so. Die Musik ist etwas Konfessionsübergreifendes. Die katholischen Lieder waren sicher emotionaler. Meine Mutter hat früher in der Frauengemeinschaftsmesse die Lieder angestimmt, und sie hat sich immer geärgert, weil der Pfarrer seine Liedauswahl ausschließlich theologisch begründet hat. Sie wollte lieber Lieder, in denen sie sich wohlfühlen konnte, die sie emotional angesprochen haben. Für sie war vor allem wichtig, sich von der Melodie getragen zu fühlen.

Im katholischen Bereich spielt der Gregorianische Choral eine große Rolle. Natürlich war er ein Stück weit elitär, obwohl in der liturgischen Bewegung des frühen 20. Jahrhunderts auch das Volk Choral gesungen hat. Aber Choral ist für mich auch eine ganz hohe Form. Da sind wir lutherischer als Luther selbst, denn ein Choral besteht aus einem Bibeltext, der vertont wird.

Mich hat es immer fasziniert, wenn unser Kantor Godehard Joppich von dem Mönch Hartker im 10. Jahrhundert erzählt hat, der sich vierzig Jahre zurückgezogen hat, um die Neumen zu schreiben, das sind die über den Choraltexten stehenden Betonungszeichen. Und wenn man sich die Neumen ansieht, merkt man, er hat den Text verstanden. In diesen Betonungen ist ganz viel Spiritualität drin. Aber natürlich ist Choral eine anspruchsvolle Singweise, die für das normale Volk zu hoch ist. Das Credo III und das Kyrie VIII »De Angelis« kennen viele Leute noch und singen es auch ganz gerne mit, aber ansonsten ist es einfach zu schwierig.

Beim Stichwort Musik und Protestantismus darf ein prägender Name nicht fehlen: Johann Sebastian Bach.

Nikolaus Schneider

Bach wird oft der fünfte Evangelist genannt, und seine Passionen und Oratorien haben eine eigene verkündigende Prägekraft. In der Oster- und in der Weihnachtszeit gehen viele Menschen in die Kirche, um diese, wie sie es verstehen, »Konzerte« zu hören. Aber für mich ist das immer mehr als ein Konzert. Damit erreichen wir ganz viele Leute, die wir sonst nicht erreichen.

Zu DDR-Zeiten war das auch im Osten ein ganz wichtiger Berührungspunkt von Kirche mit säkularen Bevölkerungsschichten. Wer musikalisch-bildungsmäßig interessiert war, ging in die Kirche und hörte sich Bachkonzerte an, bis hin zu SED-Genossen, die mit der Kirche überhaupt nichts zu tun hatten. Und wer weiß, was dadurch alles in ihnen angesprochen wurde und geschehen ist.

In Düsseldorf in der Johanneskirche, wo ich regelmäßig den Heiligabend-Gottesdienst gehalten habe, wurde dieser Gottesdienst immer eröffnet mit »Jauchzet, frohlocket« aus dem Weihnachtsoratorium. Da fing für mich Weihnachten an, in jeder Hinsicht, auch emotional. Wenn es mit den Trommeln losging, wussten die Menschen: Jetzt ist Weihnachten. Das ist eine besondere Stärke und Qualität der Bach'schen Musik.

Es gibt heute eine kirchenmusikalische Bewegung, die von Taizé ausgeht, mit mehr meditativen, wiederholenden Gesängen, die inhaltlich gar nicht viel Neues bringen, also nicht vierzehn unterschiedliche Strophen haben, sondern immer eine kurze Strophe, die dann aber vielleicht vierzehnmal gesungen wird. Solche Gottesdienste mit Taizé-Gesängen sind sehr beliebt. Was ist das für ein Phänomen?

Nikolaus Schneider

Ich glaube, da spielt das Emotionale eine große Rolle. Es sind Melodien, die unsere Seele streicheln, die uns wiegen und wohltun. Man kann es fast vergleichen mit dem Umgang mit Babys: einfache Melodien mit einfachen Worten summen und singen, streicheln und wiegen. Dass die Taizé-Gesänge uns guttun, spüren auch wir Protestanten, vor allem unsere jungen Leute. Und inhaltlich werden unverzichtbare Basis-Aussagen über Gott oder über seine Zuwendung, über die Erlösung, über das menschliche Leben gesungen.

Pater Anselm, bei Ihnen im Kloster ist es auch so, dass immer viel Text in den Liedern und Chorälen verpackt ist, aber hier ist es relativ wenig und relativ elementar. Was ist das Erfolgsrezept von so einer Art von Kirchenlied?

Anselm Grün

Es ist eine einfache Melodie, man kann auch sagen mehr eine romantische, eine Wohlfühlmelodie. Der evangelische Pfarrer vom Schwanberg, Johannes Halkenhäuser, war davon nicht so begeistert und meinte, man würde sich mit dieser Musik betrinken, aber mir gefällt sie gut. Ich habe lange Jugendarbeit gemacht und habe oft Taizé-Gesänge gesungen, auch andere, moderne Lieder.

Aber ich merke, moderne Jugendlieder nützen sie viel schneller ab als Choräle oder auch als die alten Kirchenlieder. Ich denke, für meditative Gottesdienste sind Taizé-Lieder sehr gut, man braucht nichts in die Hand zu nehmen, kann es einfach wiederholen, und das schafft eine Atmosphäre von Ruhe, die dem Bedürfnis der Menschen entgegenkommt. Es ist nicht so emotional wie »Großer Gott, wir loben dich« oder »Eine feste Burg ist unser Gott«, sondern eher beruhigend. Das ist eine legitime Form, aber ich würde nicht alles auf Taizé reduzieren.

Es gibt jedoch auch die andere Seite, dass die Emotionalität, die über die Musik geweckt wird – in manchen, nicht gerade landeskirchlichen Zusammenhängen, aber doch im protestantischen Spektrum, im Pfingstlerischen – so exaltiert wird, dass man fast manipuliert wird.

Nikolaus Schneider

Ja, da muss man aufpassen. Von der Manipulationsgefahr bei einer Überbetonung von Emotionen hatten wir schon gesprochen. Aber diese Gefahr hält sich in landeskirchlichen Zusammenhängen sehr in Grenzen, da gibt es häufiger ein zu wenig an Emotionalität im Blick auf Kirchenmusik. Dem versuchen wir mit modernen Formen entgegenzuwirken. Das *Luther-Musical* zum Beispiel läuft gerade mit 2000 Sängerinnen und Sängern. Ich war bei der Premiere in Dortmund dabei. In der vollbesetzten Westfalenhalle bebten die Wände, die Leute sangen mit, brachten sich ein. Auch für die Chöre ist das eine große emotionale Erfahrung. Es ist diese Tradition von Gospel, Spiritual bis hin zu Pop, die Menschen aller Altersschichten bewegt.

Ich habe das ähnlich erlebt, als das Musical *Joseph* von einem säkularen Betreiber in Essen aufgeführt wurde. Damals wurden Schulchöre angesprochen, ob sie sich nicht beteiligen wollen. Meine jüngste Tochter Meike machte mit. Ein halbes Jahr lang hat sie auch zu Hause die Texte des Musicals gelernt und gesungen. Natürlich besuchten auch wir eine Aufführung von *Joseph* und ein alter Pfarrkollege, den ich mitgenommen hatte, sagte beim Rausgehen zu mir: »Sag mal, was ist unsere Kirche für ein Saftladen, dass wir es nicht hinkriegen, junge Leute, aber auch Menschen quer durch die Generationen, mit biblischen Geschichten so anzusprechen. Wenn Josef im Gefängnis singt, dass ein Kind Israels nie allein ist, ist das so eine starke Aussage mit so einer starken Melodie, das bewegt die Leute und das brauchen die Leute.«

Anselm Grün

In dieser Hinsicht erlebe ich im katholischen Bereich momentan ein Defizit. In den 1970er-Jahren gab es Peter Janssens und Ludger Edelkötter, die auch Musicals gemacht haben, wie *Ave Eva* und *Elisabeth von Thüringen*. Die waren sehr schön, aber da fehlt momentan etwas. Dieses Begeisternde ist wertvoll, das Moderne zu übernehmen, ohne zu manipulieren, wäre schon wichtig. Ich arbeite häufig mit evangelischen Liedermachern bei Veranstaltungen zusammen, zum Beispiel mit Clemens Bittlinger oder Johannes Matthias Roth.

Nikolaus Schneider

Dieter Falk ist hier ebenfalls zu nennen.

Anselm Grün

Auch Siegfried Fietz hat mich eingeladen. Da gibt es im katholischen Bereich momentan wenig. Die Musik ist schon ein Weg, die Jugendlichen zu erreichen. In den 1960er-Jahren haben wir Jugendgottesdienste, Jazz-Messen gehalten, aber mit der Musik von damals lockt man die Leute heute natürlich nicht mehr.

Aber im normalen Gottesdienstleben halten sich die Kirchen eigentlich am traditionellen Kirchenlied fest. Da hat es das moderne Kirchenlied schwer.

Nikolaus Schneider

Es kommt sehr darauf an. Schauen Sie sich das neue Evangelische Gesangbuch und das Gotteslob an, da sind auch neuere Lieder aufgenommen. Fast alle Gemeinden haben zudem Begleitbücher mit modernen Kirchenliedern, und in vielen Gottesdiensten wird dosiert auch mal etwas Neues ausprobiert.

Die Evangelischen Kirchentage sind in dieser Hinsicht wichtige Impulsgeber. Allerdings ist meine Erfahrung: Manches, was Menschen erst mal mitreißt, trägt auf Dauer nicht. Und manches Lied, das in großen gottesdienstlichen Events begeistert, kann seine Wirkung in einem normalen Gemeindegottesdienst gar nicht entfalten. Man muss schon überlegen, welches Lied und welche Musik für welchen Zweck sinnvoll und richtig sind.

Herr Schneider, eine Sache haben Sie schon angesprochen, das sind die Posaunen. Interessanterweise werden die Posaunenchöre immer den Evangelischen zugerechnet, bis zu Kirchentagen. Ich erlebe viele Katholiken, denen das ein bisschen suspekt ist, woher kommt das eigentlich?

Nikolaus Schneider

Die Posaunenchöre sind wirklich eine wunderbare Einrichtung. Von der Art der Musik her, die viele Menschen begeistert, auch wegen der Jugendarbeit: Es sind nämlich ganz viele Jugendliche in die Posaunenchöre eingebunden. Viele unserer Posaunenchöre öffnen sich auch für moderne Lieder und Musikstücke, sogar für Jazz-Elemente. Diese ganze Bandbreite empfinde ich als große Bereicherung unseres kirchlichen Lebens. Und wenn sie in den Abschlussgottesdiensten der Kirchentage 4.000 Bläser und Bläserinnen zusammen spielen hören, ist das schon großartig.

Anselm Grün

Wir haben in Bayern die Blasmusik, das sind zwar keine Posaunenchöre, aber es ist ähnlich. Wir feiern die Fronleichnamsprozessionen gemeinsam mit drei Orten, da kommen drei Blasmusiken, die in verschiedene Richtungen gehen. In der Kirche spielen sie dann gemeinsam auf. Das gibt es schon, aber nicht so ausgeprägt.

2017 sollen 25.000 Bläser beim Abschlussfest in Wittenberg spielen.

Nikolaus Schneider

Hoffentlich ist danach von Wittenberg noch etwas übrig.

Widerstand

Es gibt einen Moment in der Geschichte Luthers und der Reformation, den alle kennen, jener ikonische Moment des Protestantismus als Luther beim Reichstag zu Worms seine Thesen vor dem Kaiser rechtfertigen soll und gesagt haben soll: »Hier stehe ich.« Ein Mensch trotzt Reich und Kirche, Papst und Kaiser. Dieses Motiv würden wir gerne noch einmal aufgreifen und seine Wirkungsgeschichte ein wenig anschauen. Wie hat Luther eigentlich seinen Widerstand begründet, wodurch fühlte er sich dazu innerlich ermächtigt?

Nikolaus Schneider

Luthers Widerstand gründet in seiner inneren Bindung: »Mein Gewissen ist gefangen in der Schrift.« Das Element »Gewissen« war und ist wie schon gesagt ein wesentlicher Impuls für widerständiges Reden und Handeln. Die Unvertretbarkeit des Einzelnen wird damit betont. Das Gewissen ist aber nicht persönliche Willkür, sondern es braucht eine Bindung – das haben wir an anderer Stelle schon ausgeführt. Luther nannte die Schrift, aber auch die Vernunft, durch die er sich im Gewissen gebunden fühlte. Eine Gewissensentscheidung sollte also auch vernünftig begründet sein. Dass Luther in Worms dazu Gelegenheit bekam, hatte die sächsische Diplomatie erreicht. Die Strategie von Luthers Gegnern war, die Anhörung auf die pauschale Frage zu beschränken: »Widerrufst du oder widerrufst du nicht?« Luther konnte diese Situation noch einmal aufbrechen und differenziert Stellung beziehen. Und dann kommt diese berühmte Szene, in der er dann sagt – man weiß nicht, ob gut vorbereitet oder aus dem Stand: »Wenn ihr ein klares, einfaches Wort haben wollt, dann will ich euch das sagen ohne Zähne und Klauen: Mein Gewissen ist gefangen in der Heiligen Schrift. Es gibt keine Gründe der Vernunft, die mir beweisen, dass ich anders reden müsste, deshalb: Hier stehe ich, Gott helfe mir. Amen.« Das ist der Bekenntnissatz, mit dem man Luther in Darstellungen oft mutig und mannhaft stehen sieht. Aber ob er dieses Bekenntnis nicht vielleicht mit Zittern und Zagen gesprochen hat, frage ich mich schon. Mir wäre er dann sogar sympathischer. Wenn Sie diese Szene einen »ikonischen Moment« des Protestantismus nennen, dann gehören für mich zur Ikonografie des Ganzen: zum einen die Bindung meines Gewissens an die Heilige Schrift und an die Vernunft und zum anderen meine persönliche Unvertretbarkeit, wenn ich aus meinen Glauben heraus Widerspruch und Widerstand leisten muss. Und das sind Elemente, die kirchlich und theologisch eine ungeheure Dynamik entfaltet haben, auch in die Gesellschaft hinein, und die Wellen ausgelöst haben, die bis in unsere Zeit zu spüren sind.

Anselm Grün

Die katholische Theologie von Thomas von Aquin befürwortet auch das Gewissen, es ist die höchste Norm, allerdings war diese Lehre damals in der Machthierarchie nicht präsent. Später kam die Inquisition, die das Gewissen nicht beachtet hat, sondern einfach mit Macht dogmatische Sätze durchgesetzt hat, ohne tiefer zu reflektieren, was sie wirklich bedeuten. Wobei – Sie haben es auch richtig gesagt – zur Ikone nicht gehört: »Ich kann nicht anders«, sondern: »Hier stehe ich, Gott helfe mir. Amen.« Darauf hat der Kirchenhistoriker Leppin hingewiesen.

Der Widerstandsgestus beziehungsweise auch das Widerständige ist eher von Märtyrern bekannt, also das Stehen für den eigenen Glauben, aber dann nicht vor den Autoritäten der eigenen Kirchen. Insofern: Leute wie Bonhoeffer oder Leute, die eben diesen Widerstand gelebt haben in den Zeiten des Naziregimes – kommen sie eher vom Vorbild Luther her oder kommen sie eher aus der Märtyrer-Tradition?

Anselm Grün

Die Kirche unmittelbar nach dem Krieg hat mit Dietrich Bonhoeffer Probleme gehabt.

Nikolaus Schneider

Es dauerte einige Zeit, ehe sein Widerstand als kirchliches Zeugnis und nicht allein als politisches anerkannt wurde.

Anselm Grün

Ich denke, Dietrich Bonhoeffer war beides: in Luthers, aber auch ganz in der kirchlichen Tradition. Ich glaube schon, dass die Theologie der Märtyrer beziehungsweise ihre Spiritualität bei ihm mitschwangen, so wie bei Luther. Im Mittelalter gab es eigentlich keine Märtyrer, da gab es nur von der Inquisition Verurteilte, aber die waren letztlich auch Märtyrer.

Nikolaus Schneider

Das Widersinnige war, dass die Kirche für Menschen zu einer bedrohlichen Instanz wurde.

Wie viel Widerstand gehört denn zum christlichen Leben dazu?

Anselm Grün

Jesus sagt selbst: »Denkt nicht, ich sei gekommen, um Frieden auf die Erde zu bringen. Ich bin nicht gekommen, um Frieden zu bringen, sondern das Schwert.« Dann sagt er, dass Schwiegermutter und Schwiegertochter sich miteinander entzweien werden. Die Klarheit, zum eigenen Leben zu stehen, ist durchaus jesuanisch. Das bedeutet erst einmal nicht, gegen etwas zu sein, sondern einfach für etwas einzustehen und sich nicht davon abbringen zu lassen. Natürlich ist die Frage immer: Stehe ich für mein Gewissen ein, für Gott oder für eine Ideologie? Diese Gefahr besteht immer. Aber wenn es um das Gewissen geht, dann bedeutet das auch, dazu zu stehen, auch gegen einen Widerstand. Die Mönche sagen, Gewissen, also die Stimme Gottes ist dort, wo mehr Lebendigkeit, Freiheit, Friede und Liebe ist. Wo Enge ist, wo Hass ist, wo Rechthaberei ist, sind andere Motive im Spiel, dann geht es nicht um den Willen Gottes, sondern um eine eigene Ideologie. Aber absolut prüfen kann man es nicht. Thomas von Aquin sagt, selbst wenn das Gewissen irrig ist, muss der Mensch ihm folgen. Er soll sich zwar mit den Normen auseinandersetzen, aber die tiefste Gewissensentscheidung ist dann absolut.

Nikolaus Schneider

Mir ist ein Aspekt, den Pater Anselm genannt hat, ganz wichtig, nämlich: Ideologisch begründeter Widerstand kann Enge und Hass im Gepäck haben. Widerstand muss sich auf menschenfreundliche Inhalte gründen und beziehen, sonst verkommt er zu einer billigen Rechthaberei. Widerstand um meiner Rechthaberei willen, ist ein für Menschen und Gesellschaften schädlicher Widerstandskult.

Wo beobachten Sie einen Widerstandskult?

Nikolaus Schneider

Wenn man Freude daran hat, auf andere und anderes zu schimpfen, andere und anderes schlecht zu machen und wenn man immer mit dem »Dagegen« anfängt. Das ist eine Verlockung auch bei Predigten. Das kenne ich auch von mir. Als junger Pfarrer habe ich gerne Predigten gehalten, in denen ich zunächst und ausführlich erklärt habe, was alles falsch ist. Dann habe ich mir Karl Barth zu Herzen genommen, der gesagt hat: Wenn man eine Position gegen etwas bezieht, muss man vorher deutlich erklärt haben, wofür man ist. Erst aus dem »Wofür« kann sich sinnvoll das »Dagegen« entwickeln.

Anselm Grün

Für mich ist das Beispiel Jesu sehr wichtig. Jesus hat zu seiner Meinung gestanden und sich nicht verbiegen lassen, aber er hat am Kreuz noch für seine Feinde gebetet. Beim Spartakusaufstand wurden die Aufständischen auch gekreuzigt, aber sie haben ihre Mörder noch beschimpft. Es ist ein großer Unterschied, ob ich nur gegen meine Gegner bin und sie noch im Tod beschimpfe, oder ob ich für meinen Glauben einstehe und sogar noch für die Mörder bete.

Menschen die sehr fest für eine Position stehen, in gewisser Weise auch kompromisslos sind, werden heute schnell des Fundamentalismus verdächtigt. Wir müssen gar nicht über den islamischen Fundamentalismus reden, das gibt es auch innerhalb der christlichen Welt. Wann wird so ein »Hier stehe ich« zum Fundamentalismus?

Anselm Grün

Wenn man die anderen nicht gelten lässt. Man kann ja zu seiner Meinung stehen, aber wenn man die anderen schlecht macht und sie als Ungläubige und so weiter beschimpft, dann geht das in Richtung Fundamentalismus. Und es ist ein Unterschied, ob jemand eng wird und absolut oder, wie Sie sagen, jemand unter Zagen und Zittern oder in aller Demut sagt: »Ich kann nicht anders, ich muss dazu stehen.« Aber nie in einer Überheblichkeit, mit der ich mich über andere stelle und meine, ich weiß alles und die anderen sind alle dumm. Es ist ganz wichtig, dass es nicht eine Entwertung der anderen wird, sondern ein Zu-sich-Stehen. Und wer wirklich zu sich steht, der muss andere nicht bekämpfen, sondern steht zu sich und lässt die anderen.

Nikolaus Schneider

Fundamentalistisch ist, wenn ich es nicht aushalte, dass noch andere Meinungen außer der meinigen da sind. Bis hin zu dem Punkt, dass ich die Wahrheit der anderen Position nicht nur bestreiten, sondern sie auch aus der Welt schaffen will. Das gab und gibt es auch bei uns Evangelischen. Man könnte das auch »Inquisition auf evangelikal« nennen. Ich erliege fundamentalistischen Tendenzen, wenn ich im irrigen Bewusstsein, Besitzer der absoluten Wahrheit Gottes zu sein, mit meiner kleinen provinziellen Wahrheitserkenntnis die ganze Welt bestimmen will.

Anselm Grün

Und letztlich geht es auch dann wieder nur um Macht.

Vielfalt und Einheit der Kirchen

Wo sehen Sie bleibende Herausforderungen, die die andere Konfession im Moment an Ihre eigene Kirche stellt?

Nikolaus Schneider

Für mich ist es zum einen der Reichtum katholischer Spiritualität und die Fähigkeit, Volksfrömmigkeit zu leben – mit Leib und Seele, mit Kopf und Herz. In diesem Reichtum sehe ich eine bleibende Herausforderung durch die katholische Kirche an unsere evangelischen Christen.

Ein zweiter Punkt ist die Verbindlichkeit, in der die römisch-katholische Kirche als eine Weltkirche zusammenlebt. Das spricht mich ebenfalls sehr an. Der innerevangelische Ökumene-Begriff geht nicht von einer Kirche, sondern von verschiedenen Kirchen aus, die sich gegenseitig anerkennen und verbunden sind. Aber es sind und bleiben unterschiedliche Kirchen. Und die Betonung des Andersseins und der Fremdheit scheint mir im evangelischen Lager doch größer als in der katholischen Weltkirche, in der es innerkatholisch sicher auch viele Unterschiede und Fremdheiten gibt. Das sehe ich als eine große Herausforderung für uns als Evangelische: Unsere reformatorische Freiheit, die ich nicht einschränken will, mit einer Verbindlichkeit zu allen protestantischen Kirchen so zu leben, dass wir ein größeres Maß an Einheit konkret erfahren.

Sehen Sie irgendeine Rolle, die der Papst dabei spielen könnte?

Nikolaus Schneider

Der Papst spielt meiner Ansicht nach eine positive Rolle für die Einheit der Kirche, insofern er eine glaubwürdige Symbolfigur ist, an der Menschen sich theologisch und ethisch orientieren können und die als Vertreter aller Kirchenglieder akzeptiert ist. Für den augenblicklichen Papst Franziskus sehe ich das so. Das Amt bleibt für mich schwierig, vor allen Dingen nach den Entscheidungen des 1. Vatikanischen Konzils von 1870 zu Unfehlbarkeit und Jurisdiktionsprimat. Das ist schon ein wenig tragisch: Das Amt der Einheit ist ein entscheidender Grund der Trennung. Denn dieser päpstliche Machtanspruch bezogen auf die dogmatische Wahrheitserkenntnis und auf die Jurisdiktion ist für Protestanten nicht akzeptabel. Ich weiß nicht, wie wir mit diesem Machtanspruch so umgehen können, dass er ökumenisch konstruktiv wird. Da habe ich keine Fantasie.

Welches wäre der Weg zu so einer größeren Einheitserfahrung, der für Sie beschreitbar wäre? Ist es nur ein Wunsch?

Nikolaus Schneider

Nein, der Weg zu einer größeren Einheitserfahrung ist nicht nur ein Wunsch, er ist auch ein theologisches und geistliches Anliegen. Alle Christen bekennen Christus als Haupt und Herrn der Kirche, nicht den Papst, nicht den Bischof, nicht irgendeinen Präses, Superintendenten oder Abt. In diesem Glauben sind wir schon jetzt eine Kirche. Die Frage lautet: Welche Formen der Einheit entwickeln wir institutionell, wie können wir größere institutionelle Einheitserfahrungen verantwortlich anbahnen, in Respekt vor unseren jeweiligen Traditionen? Welche Wege können wir gehen in Respekt vor den Menschen, die in ihren konfessionellen Kirchen eine Glaubensheimat gefunden haben? Hinsichtlich dieser Fragen finde ich nach wie vor das Modell der versöhnten Verschiedenheit ein sehr attraktives Modell.

Dieses Stichwort greifen wir gleich noch auf. Mich interessiert zunächst noch, ob es einen Weg der verschiedenen evangelischen Kirchen in Richtung Einheit gibt.

Nikolaus Schneider

Hier ist für mich nach wie vor das Modell des Ökumenischen Rates der Kirchen der wichtigste Weg, der auch für andere Konfessionsfamilien offen ist, wie zum Beispiel die Orthodoxie. Dem öffnen sich mittlerweile auch die Pfingst-Kirchen. Problematisch sehe ich große Teile des US-amerikanischen Evangelikalismus. Wenn Gemeinschaften in ihrer provinziellen Verbohrtheit meinen, sie seien die wahre Kirche und dann Missionare aussenden, die die Welt zu ihrem »spiritual way of life« bekehren sollen – ich weiß nicht, wie wir zu dieser Bewegung ein positives Verhältnis gewinnen sollen. Für die Kirchen, die im Ökumenischen Rat verbunden sind, plus dem, was es an pfingstlerischen Bewegungen gibt, die sich ihm öffnen und die auch mit einer profunden Theologie arbeiten, sehe ich nach wie vor Wege zu umfassenderen Einheitserfahrungen. Dabei geht es mir um gegenseitige geistliche Anerkennung, um gemeinsames spirituelles und gottesdienstliches Leben, um Mahlgemeinschaft und um materielle Solidarität untereinander.

Wie ist das bei Ihnen, Pater Anselm? Wo sehen Sie bleibende Herausforderungen durch die andere Konfession?

Anselm Grün

Die bleibende Herausforderung ist sicher die Liebe zur Bibel und auch die Frage nach der Musik. Ich nehme wahr, dass in katholischen Kirchen aus finanziellen Gründen die Kirchenmusiker immer mehr reduziert werden, aber das ist der Weg in die falsche Richtung. Da sollten wir uns von der evangelischen Kirche herausfordern lassen, dass Musik ein ganz wichtiger Weg auch der Katechese ist. Mir hat eine Dirigentin erzählt, wenn sie mit den Chören singt, ist die Kirche voll und sonst eben nicht. Die Leute kommen nicht wegen des Pfarrers in die Kirche, sondern auch wegen des Gesangs.

Das ist das eine. Das andere ist der Aspekt der Vielfalt. Ich bin groß geworden unter Papst Pius XII. In dieser Zeit war alles zentralisiert. Dann gab es unter Johannes XXIII. einen Aufbruch, dann wieder eine neue Zentralisierung unter Johannes Paul II. Ich spüre aber, dass diese Form von Einheit, wie ich sie damals gedacht habe, dass alle unter dem Papst eins werden, unrealistisch ist. Erst gestern las ich in einem Evolutionsbuch, dass der Kosmos eine Art Intelligenz hat, aber eben nicht nur eine Form hervorbringt, sondern verschiedene Formen. In diesem Zusammenhang fiel mir sofort die Kirche ein. Wenn sie sich in verschiedene Richtungen aufteilt, müssen wir es nicht unbedingt als Rückschritt ansehen, das ist auch eine Frage der Lebendigkeit. Die Gefahr besteht jedoch darin auseinanderzudriften, dass jeder seine eigene Kirche aufbaut und es unter dem Namen des Christlichen ganz viel Unchristliches gibt. Das sehen wir in den Megachurches und der ganzen amerikanischen Theologie. Es ist wichtig die Vielfalt zu akzeptieren, aber uns trotzdem auch herausfordern zu lassen, also auch korrigieren zu lassen. Allerdings nicht indem wir nur sagen: »Was der Papst sagt, ist wahr«, sondern indem wir im kirchlichen Dialog uns unsere Positionen zumuten und durchaus sagen: »Das halte ich nicht für christlich« oder »Da tue ich mich schwer«.

Diese gegenseitige Korrektur stelle ich mir fruchtbar vor, auch als Einheit in der Vielfalt, das gemeinsame Zeugnis in der Welt, nicht gegeneinander zu arbeiten, sondern miteinander Solidarität zu zeigen und gemeinsam Zeugnis abzulegen. Dazu braucht man natürlich auch ein Miteinander und eine gewisse Einheit im Glaubensbekenntnis. Im Ökumenischen Rat gibt es auch eine Einheit im Glaubensbekenntnis. Diesen Mut zur Vielfalt kann ich als Katholik durchaus akzeptieren, aber es ist trotzdem wichtig, dass wir nicht auseinanderfallen. »Katholisch« heißt »allumfassend«, das also auch Verschiedenes sein darf, verschiedene Formen, aber trotzdem sollen alle den einen Jesus Christus repräsentieren.

Wie könnte sich diese Einheit der Vielfältigen sichtbar machen?

Anselm Grün

Erstens in der gegenseitigen Gastfreundschaft, zweitens in gemeinsamen theologischen Kommissionen, die auch ringen sollen, aber nicht darum, was katholisch und evangelisch ist, wer nun recht hat, ob die eine Abendmahlstheorie richtig ist oder die andere, sondern darum, was das Wesen des Christlichen ist. Es geht darum eine gemeinsame Form zu haben, damit nicht alles auseinanderdriftet.

Wenn Sie, Pater Anselm, auf den Protestantismus blicken, und Sie, Herr Schneider, auf den Katholizismus: Wo sehen Sie denn bleibende Grenzen, etwas, von dem Sie sagen, da werde ich auch in zwanzig Jahren noch nicht mitkommen, das stellt für mich ein unüberwindliches Hindernis dar?

Anselm Grün

Was mir schwerfällt ist, zu spüren, dass das Abendmahl zu sehr nivelliert wird, dass es da keine Ehrfurcht gibt, kein Gespür für das Heilige. Das ist für mich wichtig. Schwer fällt mir auch die Prädestinationslehre von Calvin oder auch die Verbindung zwischen Erfolg und Gnade. Ich habe ein wenig über Calvin gelesen. Mit diesen Gedanken kann ich nicht mitgehen, vor allem wie sie dann in Amerika ausformuliert worden sind.

Sie vermissen Gespür für das Heilige. Ist das ein prinzipielles Problem mit dem Protestantismus oder haben Sie da einzelne schlechte Erfahrungen gemacht?

Anselm Grün

Es ist schon auch etwas Prinzipielles. Der Sinn für das Heilige hängt natürlich von einzelnen Personen ab, aber es hängt auch ein Stück von der Theologie ab, dieses Geheimnis sein zu lassen und mit Ehrfurcht zu feiern. Das ist für mich wichtig und das erlebe ich natürlich auch in vielen evangelischen Kirchen. Dann habe ich damit auch keine Probleme. Aber wenn ich die Tendenz sehe, die Eucharistie zur reinen Mahlzeit verkommen zu lassen, nach dem Motto: »Wir freuen uns, dass Christus unter uns ist und wir essen miteinander«, ist es für mich zu wenig.

Herr Schneider, Ihr Problem mit der anderen Seite?
Kommt der Papst noch mal auf den Tisch?

Nikolaus Schneider

Ja, das geht nicht anders. Es ist am Ende wirklich die Machtfrage. Einen solchen Zugriff auf mein Gewissen möchte ich diesem kirchlichen Amt nicht zugestehen – und das ist nicht nur eine persönliche Abneigung, sondern diese Vollmacht des Papstes widerspricht ganz grundsätzlich unserer Theologie, unserem Kirchenverständnis und unserem Menschenbild. Über viele Formen, die eher symbolischer Art wären, also ein Ehrenprimat des Bischofs von Rom über die Christenheit und so weiter, könnte man reden, nicht aber über die Kodifizierung und Dogmatisierung, die 1870 erfolgt sind. Sie bedeuten im Grunde, dass dieses Papstamt sich sozusagen den Stuhl mit Christus teilt, und da ist für uns eine Grenze überschritten. Dieses Amt denkt theologisch gesehen zu hoch von sich und nicht hoch genug von Christus. Ich möchte in Respekt mit unserer Schwesterkirche umgehen und bin nicht in der Position – strebe sie auch gar nicht an –, Pater Anselm vorschreiben zu wollen, wie er seinen eigenen Glauben zu verstehen hat und wie er mit dem Papst umzugehen hat. Das ist überhaupt nicht mein Ansatz. Dazu habe ich viel zu viel Respekt vor ihm, und ich muss staunend feststellen, dass so ein freiheitsliebender Mensch wie Pater Anselm mit diesem päpstlichen Amt klarkommt. Das will ich erst einmal ernst nehmen. Dennoch sage ich: Mir fehlt die Fantasie, wie wir als bewusste evangelische Christen konstruktiv mit dem päpstlichen Amt umgehen können und mit dem daraus abgeleiteten Weiheamt und allem, was sich darin an Hierarchieanspruch ausdrückt. Auch der Pflicht-Zölibat bereitet mir Schwierigkeiten, aber den könnte man relativ einfach zu einem freiwilligen Zölibat korrigieren. Er hat theologisch und auch kirchenrechtlich lange nicht die Bedeutung wie das Papstamt und dessen Kodifizierung. Auch für die Zulassung von Frauen zum geistlichen Amt sehe ich Entwicklungsmöglichkeiten. Und unsere Pfarrerinnen werden von Priestern durchaus als ökumenische Partner akzeptiert. Aber beim Amt des Papstes fehlt mir, wie gesagt, die Fantasie. Da sehe ich eine bleibende Grenze.

Ich denke, im Zusammenhang mit dem Papsttum ist es wichtig, die geschichtliche Entwicklung genau anzuschauen. Im Mittelalter war er ein Herrscher und zur Zeit Luthers gab es Fehlentwicklungen. Die Zentralisierung unter Pius XII. und auch die Dogmatisierungen von 1870 waren einseitig. Ich kann mir auch nicht vorstellen, dass alle dem Papst Untertan werden, das ist unrealistisch. In der frühen Kirche war es auch nicht so eindeutig. Da war der Papst ein *primus inter pares*, Erster unter Gleichen, da hat man sich gegenseitig anerkannt, auch in der Ostkirche. *Primus inter pares* wäre durchaus ein Bild. Die Jurisdiktion und all das, was das Erste Vatikanische Konzil festlegte, ist eben sehr einseitig. Das Konzil wurde gar nicht zu Ende geführt, denn es ist durch den Krieg abgebrochen worden. Aber natürlich ist die zentrale Jurisdiktion, vor allem, wie sie unter den letzten Päpsten gehandhabt wurde, immer noch der Anspruch. Der Papst ist ein Glied der Einheit und ich glaube, es gibt durchaus Wege, wie man ihn als primus inter pares sehen und freundschaftliche Beziehungen aufbauen könnte. Der jetzige Papst will ja auch dogmatisch nichts ändern, sondern das Papsttum wird sich einfach ändern, indem er anders damit umgeht.

1950 war der Papst schon etwas Numinoses für mich als Kind. Aber meine eigene Mutter, die sehr katholisch war, hat mit 86, als sie Papst Johannes Paul II. hörte, gemeint: »Ich glaube, der Papst hat auch nicht immer recht.« Das hätte sie früher nie gesagt. Auch bei den Katholiken ist es heute kein numinoses Amt mehr. Es strahlt schon noch etwas aus, und natürlich hängt es auch von der Person ab. Aber diesen Zentralismus, wie die Kurie ihn teilweise noch anstrebt, will keiner mehr. Das hat sich überlebt.

Wir haben erstmals in der neueren Geschichte einen emeritierten Papst, also einen Papst, der von dem Amt wieder zurückgetreten ist.

Nikolaus Schneider

Das fand ich sehr bemerkenswert, weil Benedikt damit dem Papstamt wieder einen sehr menschlichen Anstrich gegeben hat, weil er sagen konnte: »Es gibt einen Punkt, an dem die Kräfte nicht mehr reichen, und dann kann ich den Anforderungen dieses Amtes nicht mehr entsprechen. Ich trete zurück.« Das war ein Schritt, der vielleicht weitere Veränderungen anstoßen kann. Und Franziskus lebt das Papstamt jetzt auch so, dass ich ihn durchaus als *primus inter pares* in meiner Kirche akzeptieren könnte. Aber die grundsätzliche Frage der Vollmacht dieses Amtes bleibt schwierig. Der Papst ist ja auch ein Subjekt des Völkerrechts, der Vatikan auch noch ein Staat. Auch das macht es uns schwer. Es ist natürlich nicht mehr wie im Mittelalter, als der Papst sogar Kriegsherr war, mit allem, was dazugehört. Heute hat er zwar keine eigene Armee mehr, aber er hat eine eigene Jurisdiktion. Und wenn da Halunken unter seinen Kardinälen wären – und es gibt die Vermutung, dass es den einen oder anderen gerade in finanziellen Dingen gegeben hat –, entzieht er sie der weltlichen Gerichtsbarkeit.

Anselm Grün

Erzbischof Marcinkus durfte den Vatikan zeitweise nicht verlassen.

Nikolaus Schneider

Darauf wollte ich anspielen. Ich wollte den konkreten Namen nicht nennen, aber hatte ihn im Hinterkopf. Ich finde, das geht nicht. So können wir als Kirche nicht mit Macht umgehen.

Anselm Grün

Da sind wir uns einig. Der Vatikanstaat selbst juckt mich nicht, er ist nur ein Relikt. Aber der Machtmissbrauch ist ein Ärgernis.

Nikolaus Schneider

Aber Folge der Staatlichkeit des Vatikans ist, dass es auch eine Mitgliedschaft in der UNO gibt und der Heilige Stuhl auch diese Klaviatur gelegentlich so spielte, dass es mir ein Ärgernis war. Im Fall Oscar Romero etwa hat der Vatikan so agiert, dass ich weder rational noch emotional damit zurechtkam.

Anselm Grün

Dass man das reformieren muss, ist klar, gerade die ganze Kurie. Das wollte Benedikt auch, aber dafür war er zu schwach. Ich hoffe, dass der jetzige Papst durchhält.

Aber andererseits: Wenn Christen mit dem Papst einen Vertreter haben, der vor der UN-Vollversammlung in Fragen des Umgangs mit den Flüchtlingen der Weltgemeinschaft ins Gewissen reden kann, dann ist das doch eine gute Sache. Man hat manchmal den Eindruck, es gibt auch evangelische Seelen, die eine Sehnsucht haben, mit vertreten sein zu können. Ihr früherer Kollege im bayerischen Bischofsamt, Johannes Friedrich, hat einmal gesagt: »Es wäre für uns als Protestanten schön, wenn wir den Papst als gemeinsamen Sprecher der Kirchen sehen könnten.«

Nikolaus Schneider

In vieler Hinsicht ist er das faktisch so. Was Papst Franziskus als Kirchenvertreter zur Flüchtlingsfrage sagt, sagt er auch in meinem Namen. Aber sein Anspruch als Staatsoberhaupt zu reden, geht für mich nicht. In dieser Hinsicht bin ich stark geprägt von dem, was die Reformation in der Zwei-Regimenter-Lehre gesagt hat. Gott regiert die Welt zum einen durch weltliche Ämter, zu denen auch das Schwertamt – heute würden wir sagen das Gewaltmonopol – gehört. Und Gott regiert geistlich durch die Kirche, durch kirchliche Ämter, durch sein lebendiges Wort und die Liebe. Lasst uns das nicht vermischen. Diese Vermischung hat uns nicht gutgetan – weder der Kirche noch der Politik.

Sehen Sie heute noch nicht aufgearbeitete Verletzungen, Bereiche, von denen Sie sagen, das schmerzt noch? Es ist zum Lutherjahr 2017 auch von der »Healing of Memories« die Rede, also die Heilung der Erinnerung. Und die Heilung setzt voraus, dass es Verletzungen gab und vielleicht noch gibt. Schmerzt die Trennung noch oder ist sie Geschichte?

Nikolaus Schneider

Viele gegenseitige Verletzungen unserer beiden Konfessionen sind Geschichte und schmerzen uns nicht persönlich. Aber man darf das kollektive Gedächtnis nicht unterschätzen. Ich glaube, dass Geschichten von dem, was wir einander angetan haben und von dem, was wir durch die je andere Konfession erlitten haben, bei vielen Menschen schon noch eine Rolle spielen in ihren Urteilen und Vorurteilen über die anderen. Deshalb ist es gut, dass es im März 2017 eine Bußliturgie gibt. Ich halte das für ein wichtiges Zeichen, in einem Verantwortungszusammenhang zu der Schuld zu stehen, die unsere Konfession sich aufgeladen hat. Gleichzeitig ist es wichtig deutlich zu machen, dass diese Schuld für uns heute nicht mehr trennend sein soll.

Anselm Grün

Es gab unsägliches Leid, im Dreißigjährigen Krieg, aber auch in unserer Zeit herrschen noch gegenseitige Anfeindungen, es gibt Vorurteile. Ich denke, irgendwo ist es vergangen, der Umgang ist besser geworden, aber es tut trotzdem gut, das immer mal wieder zur Sprache zu bringen. Rituale, sagt C G. Jung, gehen ja auch ins Unbewusste. Es ist einfach so, dass auch heute noch unbewusst Vorurteile auftauchen, und das zur Sprache zu bringen, ist sicher heilsam.

Nikolaus Schneider

Das ist so. Geschichtliche Leid- und Schulderfahrungen unserer Konfessionen zur Sprache zu bringen, ist heilsam. Wenn man die mit einem Federstrich einfach wegwischte, würde ich das auch als mangelnden Respekt vor unseren Vätern und Müttern im Glauben sehen. Die Geschichtsmächtigkeit von gegenseitigen Verletzungen ist bis heute spürbar. Aber ich bin froh, dass sie nicht mehr zu gegenwärtigen Feindschaften führen. Es geht wirklich um das Heilen von Erinnerung und darum, diese so in unser konfessionelles Bewusstsein zu integrieren, dass sie unser ökumenisches Miteinander nicht stören, sondern stärken.

Es gibt Dinge, die die Menschen heute noch schmerzen, zum Beispiel wenn die Konfessionen in einer Familie miteinander verbunden sind durch gemischt konfessionelle Ehepaare, die darauf warten, dass ihre Kirchen einen Schritt weitergehen und ihnen dieses gemeinsame Leben auch religiös voll ermöglichen. Haben Sie da eine Vorstellung, wie es weitergehen kann?

Anselm Grün

Da muss man unterscheiden zwischen der persönlichen Ebene und der kirchlichen Ebene. Ich denke, die Kirchen sind da offen. Natürlich ist in der katholischen Kirche immer erwartet worden, dass dann die Kinder katholisch getauft werden, aber heute fühlen sich die Ehepaare eher frei. Sie machen es, wie sie es wollen. Ich kenne viele, die abwechselnd in die katholische und in die evangelische Kirche gehen. Manchmal engagieren sich beide Partner in der katholischen oder in der evangelischen Kirche, das hängt immer von der konkreten Gemeinde ab. Aber ich erlebe natürlich auch noch, dass es zu einer Machtfrage wird, weniger der Kirchen, sondern der Familien. Wenn die Familie des Mannes dezidiert evangelisch ist, dann muss alles evangelisch sein. Da gibt es schon noch Machtkämpfe. Natürlich sollten die Kirchen dazu beitragen, dass diese Machtkämpfe nicht im Namen der Kirche ausgefochten werden, sondern auf der persönlichen Ebene, damit man am Ende sagen kann: Es ist beides gut.

Nikolaus Schneider

Ich glaube auch, dass in der gelebten Ökumene in unseren Familien eine große Kraft und großes Potenzial steckt, uns auch in den lehrmäßigen Fragen ökumenisch weiterzubringen. Die Lehre ist ja immer nachgängig. Das Leben wird gelebt und dann wird reflektiert: Wie beurteilen wir eigentlich diese Lebensumstände? In welche theologischen Zusammenhänge können wir diese neueren Entwicklungen einordnen und fassen? Und ich erhoffe mir, dass durch diese familiär gelebte Ökumene auch in unserer Lehrbildung und im Umgang der Kirchen miteinander sich weitere positive Veränderungen ergeben werden. Denn es ist heute eine Ausnahme geworden, dass bei Menschen, die sich kennenlernen, die Frage: »Bist du evangelisch oder katholisch?«, ein Grund ist, diese Verbindung nicht weiter voranzutreiben. Das ist in beiden Lagern vorbei. Und darin steckt ein großes ökumenisches Potenzial, gerade bei den Familien, die nun sehr bewusst in beiden Gemeinden leben.

Aber müsste es dann nicht auch ein klares Signal geben für solche Familien, damit sie gemeinsam am Abendmahl, an der Eucharistie teilnehmen können? Oder vertrauen Sie darauf zu sagen, irgendwann ist es so selbstverständlich für die Familien, dass die Lehre gar nicht mehr anders kann?

Anselm Grün

Das ist natürlich ein Thema der katholischen Kirche. In der Praxis ist es so, dass sie es einfach machen. Leider gibt es katholische Pfarrer, die da streng sind. Hier wäre sicher ein Signal noch wichtig.

Aber eins möchte ich noch ergänzen: Auf der einen Seite ist es eine Chance, aber ich erlebe auch, wenn Partner verschiedenen Konfessionen angehören und man sich streitet, sinkt das Niveau. Deswegen ist es wichtig, dass die Kirchen nicht Anlass geben zu streiten, sondern die Verschiedenheit versöhnen und sie öffnen, damit die beiden nicht ständig streiten, wer besser ist.

Schauen wir mal auf die Zukunft der Konfessionen. Ich begegne sehr oft Menschen, die eigentlich gar keine Notwendigkeit dafür sehen, dass es so etwas wie eine Einheit der Kirchen gibt. Sie sagen: eine gesunde Konkurrenz der Kirchen ist doch auch was. Wenn jeder den anderen leben lässt, dann ist die Vielfalt eigentlich das Gut,

das unserem pluralen gesellschaftlichen und geistigen Horizont am
besten passt. Brauchen wir die Einheit denn?

Anselm Grün

Wir brauchen keine Einheit im Organisatorischen, sondern die Einheit
im Geist oder, wie Sie sagen, die Einheit in Christus. Richtig, eine gewisse
Konkurrenz tut auch gut, obwohl mir viele evangelische und katholische
Pfarrer gesagt haben: Wenn die eine Kirche leidet, leidet die andere auch.
Dass es Schadenfreude gibt, wenn es der eigenen Kirche besser geht als
der anderen, ist heute vorbei. Aber Einheit in diesem Gespür, dass wir
miteinander eins sein wollen in der Verschiedenheit, gerade in den Fragen der Ehe, der Abendmahlzulassung oder dem gemeinsamen Auftreten
in der Gesellschaft, das geschieht schon sehr häufig. Auch gemeinsam
Verantwortung zu übernehmen in Glaubensfragen erlebe ich als Einheit.
Aber man muss zugleich auch die Verschiedenheit lassen. Zu meinen,
wie wir es in den 1950er-Jahren gedacht haben, dass alle zurückkehren
zur katholischen Kirche, ist eine Illusion. Das würde ich momentan gar
nicht für realistisch und auch nicht für erstrebenswert halten. Innerhalb
der Kirche gab es schon immer eine Differenzierung und verschiedene
Formen – Franziskaner, Jesuiten, Benediktiner –, heute ist diese Vielfalt
in verschiedenen Konfessionen noch größer. Diese Vielfalt gelten zu lassen und dabei trotzdem das Gefühl zu haben, wir gehören zusammen,
ist das Wichtigste.

Nikolaus Schneider

Das sehe ich ganz ähnlich. Menschen wie Kulturen sind durchaus unter-
schiedlich, haben unterschiedliche Ausprägungen und Bedürfnisse. Und
wenn Sie so wollen, ist schon das Neue Testament Ausdruck der unterschiedlichen Prägung verschiedener Gemeinden und der unterschiedlichen Traditionen. Von Ernst Käsemann gibt es den berühmten Satz, dass
das Neue Testament die Unterschiedlichkeit der Kirchen zum Ausdruck
bringt und begründet. Die Aufgabe besteht also darin, in dieser Unterschiedlichkeit so zu leben, dass wir als eine Kirche Jesu Christi erkennbar sind und wirken können. Wir haben doch schon gute Erfahrungen

damit, dass wir Dinge gemeinsam machen, von gemeinsamen Sozial-Papieren bis zur gemeinsamen Trägerschaft der Telefonseelsorge. Das halte ich für einen richtigen Weg, den wir weiterverfolgen sollten. Wir müssen sehen, wie wir auch die eucharistische Gastfreundschaft soweit weiterentwickeln können, dass wir zu einer gemeinsamen Abendmahlsfeier kommen – und dass das nicht versteckt passieren muss oder als Ausnahme oder vielleicht sogar Mutprobe.

Haben Sie da Vorstellungen, wie das gehen kann?

Nikolaus Schneider

Ich glaube, es gibt genügend Theologen beider Seiten, die sagen, dass das jetzt schon möglich sei, weil Christus Geber und Gabe ist. Wir müssen uns als Kirchen ein Stückchen zurücknehmen und dieses Geber-und-Gabe-Sein Christi stärker zur Wirkung kommen lassen. Die größere theologische Problematik sehe ich in der römisch-katholischen Kirche – davon war schon die Rede. Ich habe den Eindruck, wir sollten nicht zu viel Druck machen. Die Frage ist eher, wie wir den Druck rausnehmen können, damit das konstruktive Nachdenken gestärkt wird.

Anselm Grün

Die Katholiken haben normalerweise kein Problem, dass die Evangelischen in der katholischen Kirche zur Kommunion gehen. Umgekehrt ist die Hemmschwelle größer. Das ist sicher auch unbewusst, aber es ist einfach so, dass man dem nicht so ganz traut.

In meiner Heimatgemeinde, in der meine Mutter wohnte, gab es jeden Ostermontag und Pfingstmontag einen ökumenischen Gottesdienst mit dem evangelischen Pfarrer. Es wurde auch Abendmahl gefeiert, von dem der katholische Pfarrer allerdings sagte, man könne daran nicht teilnehmen. Meine Mutter meinte aber zu meiner Schwester: »Wir gehen, das ist doch ein netter Pfarrer.« Daraufhin ist der ganze Frauenbund geschlossen zur Kommunion gegangen – da konnte der katholische Pfarrer sagen, was er wollte. Meine Mutter war keine Theologin, sie war eine ganz einfache Frau. Sie zeigte: Wenn es vom Gefühl her stimmt, leben die Menschen heute auch die Gemeinsamkeit. Ich denke aber, es wäre gut, es noch offizieller zu machen – vielleicht nicht im gemeinsamen Abendmahl, aber indem wir uns als Gäste gegenseitig einladen. Es gibt doch auch seit den 1970er-Jahren die eucharistische Gemeinschaft zwischen Reformierten und Lutheranern.

Nikolaus Schneider

Ja, die sogenannte Leuenberger Konkordie. Vorher gab es keine Abendmahlsgemeinschaft zwischen Lutheranern, Reformierten und Unierten. Deshalb sage ich:»Haben wir etwas mehr Geduld mit unseren römischen Brüdern. Überlegt mal, wie lange wir innerevangelisch gebraucht haben.«

Das Bild der Gastfreundschaft, vielleicht können Sie das noch ein wenig entfalten, wie Sie das sehen und empfinden.

Anselm Grün

In Kursen lade ich sowieso immer bewusst alle Evangelischen zur Kommunion in den Kreis ein, weil manche sich nicht trauen. Manche haben das Gefühl, es sei verboten, und dann tut es ihnen gut zu hören, dass sie willkommen sind. Beim letzten Kurs waren wir sonntags im Konventamt im Chorgestühl und ich hatte vergessen es ausdrücklich zu sagen, es war für mich selbstverständlich. Danach wurde ich gefragt:»Hätte ich auch zur Kommunion gehen können?« Da merkt man, dass es hier auch bei den Evangelischen Hemmungen gibt. Deshalb ist es wichtig, das bewusst wahrzunehmen und die Evangelischen einzuladen – dafür braucht es keine römische Order, man nennt es einfach Gastfreundschaft. Aber die Evangelischen müssen nicht genau so Abendmahl feiern, wie wir Eucharistie feiern, es gibt da eine andere Tradition des Feierns, obwohl das Lutherische sehr ähnlich ist von der liturgischen Agenda, der Unterschied im Ablauf ist gar nicht so groß.

Es gibt auch den gegenteiligen Ansatz, etwa bei der Pilgerreise der Bischöfe 2016 ins Heilige Land. Als die katholischen Bischöfe und die leitenden Geistlichen der EKD zusammen dorthin gereist sind, haben sie gemeinsame Gottesdienste mit Abendmahl und Eucharistie gefeiert, sind aber jeweils nicht zur Eucharistie oder dem Abendmahl der jeweils anderen Konfession mitgegangen, um, so glaube ich, im Grunde auch ein bisschen diesen Schmerz auszuhalten und zu signalisieren: Das ist ein Punkt, da sind wir noch nicht so weit. Ist das vielleicht auch richtig, so auf die Wunde hinzuweisen?

Anselm Grün

In der Schmerztheologie wird es oft so gesagt, aber man muss das nicht ideologisieren. Wenn die Gemeinschaft da ist, dann spürt man, dass es stimmig ist. Man muss die Verschiedenheit zulassen, es kommt immer auf den Glauben an. Ich hatte einmal eine öffentliche Diskussion in der eine Frau sagte: »Aber die Evangelischen glauben nicht, dass es wirklich der Leib und das Blut Christi ist.« Und ich antwortete: »Da müsste ich aber auch jeden Katholiken fragen, was er glaubt, wenn er zur Kommunion geht!« Das ist ja auch nicht so ganz klar, was er wirklich glaubt.

Wenn ich mit Ehrfurcht die Eucharistie feiere, dann wird der, der zur Kommunion kommt das Gefühl haben, dass da etwas Heiliges ist. Was er theoretisch glaubt, kann ich sowieso nicht nachweisen, das muss ich auch nicht, aber ich muss ihm das Gefühl geben, es ist etwas Besonderes – wie immer er es versteht.

Herr Schneider, Sie haben gesagt, es geht darum, als eine Kirche erkennbar zu sein in der Verschiedenheit. Wie stellen Sie sich das vor?

Nikolaus Schneider

Indem wir das Evangelium, wie Gott sich in Christus den Menschen in Liebe zuwendet, weitersagen. Das ist für mich der wesentliche Punkt. Dass sich unsere beiden Konfessionen gemeinsam auf etwas Drittes beziehen, nämlich auf Christus. Dieser Weg kann dann ganz viele verschiedene Formen annehmen. Das kann die Predigt bei einem Kanzeltausch sein, das kann der ökumenische Gottesdienst sein, oder das können die gemeinsamen liturgischen Formen sein. Dazu gehören aber auch ein gemeinsames Bildungsbemühen und ein gemeinsames karitatives Bemühen. Also: gemeinsam sprechen, gemeinsam veröffentlichen, gemeinsam etwas tun – das sind die Dinge, in denen wir in unserer Verschiedenheit als eine Kirche erkennbar werden. Wir sind oft schon in einer Haftungsgemeinschaft, das sollten wir positiv aufnehmen.

Sie haben dieses Wort von der Haftungsgemeinschaft gesagt, weil die Leute oft gar nicht mehr unterscheiden zwischen Katholischen und Evangelischen. Eine Antwort darauf war zu sagen, in dieser Situation profilieren wir uns wieder stärker als Konfession. Das ist gar nicht solange her. Dieses Impulspapier der EKD, »Kirche der Freiheit« von 2008, setzte auf Profilierung. Wenn ich jetzt Ihnen folge, war das der falsche Weg.

Nikolaus Schneider

Ich würde sagen, die unterschiedlichen Traditionen sollen erkennbar sein, aber nicht im Sinne von Abgrenzungen und Profilierung auf Kosten der je anderen. Die Schrift »Kirche der Freiheit« diente erst einmal der innerevangelischen Orientierung und sollte im Zugehen auf die Feier der Reformation deutlich machen: Was ist eigentlich das Wichtige, Unverzichtbare, Wertvolle unserer protestantischen Tradition für heute? Und da ist »Kirche der Freiheit« ein wesentliches Stichwort. Das halte ich durchaus für richtig. Die Formulierung »Ökumene der Profile« wurde von Wolfgang Huber geprägt. Huber hat dazu erläutert, dass »Profil zeigen« bedeutet: Ich werde dem anderen gegenüber erkennbar. Darum ging es Huber – nicht um Abgrenzung. Kardinal Lehmann hat das in einem öffentlichen Diskurs mit Huber positiv aufgenommen, aber Kardinal Lehmann äußerte die Skepsis, ob diese positive Deutung des Begriffs auch wirklich von allen so verstanden werde.

Sie haben das dann, als Sie Ratsvorsitzender wurden, umgewandelt in den Begriff »Ökumene der Gaben«.

Nikolaus Schneider

Ja, weil ich die Hoffnung hatte, dass der Begriff »Ökumene der Gaben« unser gegenseitiges Anliegen stärker zum Ausdruck bringt, nämlich: Eigenes zu zeigen und wertzuschätzen, es aber zugleich für die andere Konfession fruchtbar werden zu lassen. Wir haben einander auch viel zu geben, nicht nur zu zeigen!

Anselm Grün

Der Begriff »Profil« hat ein Stück weit schon einen negativen Beigeschmack gehabt. Die *Gemeinsame Erklärung zur Rechtfertigungslehre*, die 1999 feierlich in Augsburg unterzeichnet wurde, war ein großer Fortschritt. Aber viele Theologen haben ihre Zustimmung zu dem Text damals zurückgenommen. Man hatte das Gefühl, es ist eher ein Rückschritt auf evangelischer Seite und man hat wieder Angst vor dem Katholischen.

In der Zeit, als von einer »Ökumene der Profile« die Rede war, fiel auch die Entscheidung der evangelischen Seite, sich nicht mehr an der Einheitsübersetzung zu beteiligen, sodass es 2016 zu der Situation kam, das eine neue Luther-Übersetzung und parallel eine neue, aktualisierte Einheitsübersetzung vorlag.

Nikolaus Schneider

Ja, aber das hatte andere Gründe – ich war dabei, als es entschieden wurde: Bei der ersten Ausgabe der Einheitsübersetzung, die von 1962 bis 1980 von katholischen und evangelischen Theologen erarbeitet wurde, gab es wirklich eine große Freiheit für die Wissenschaftler, an dieser Übersetzung zu arbeiten. Die Einheitsübersetzung wurde von der Katholischen Bischofskonferenz und dem Rat der EKD angenommen und in die Öffentlichkeit gegeben. Für die Revision hieß es dann: Das Ergebnis muss vom Vatikan das Placet bekommen, Nostrifizierung heißt das. Und die Vulgata muss für die Übersetzung eine autoritative Rolle spielen. Es gab also inhaltliche Punkte, aufgrund derer wir gesagt haben: Diese Bedingungen können wir als Rat der EKD nicht akzeptieren. Im Anschluss gab es das Bemühen, gerade auch von Kardinal Lehmann, doch noch Wege für das Gemeinschaftsprojekt »Einheitsübersetzung« zu finden. Im Augenblick wird überlegt, ob wir nicht in der gegenseitigen Anerkennung der Übersetzung ein Stückchen weiterkommen – es ist also nicht aufgegeben. Das Scheitern hatte meiner Ansicht nach mit der Zentralisierungswelle zu tun, die damals aus Rom kam.

Anselm Grün

Diese Zentralisierungswelle hat auch bei der Revision des katholischen Messbuches eine Rolle gespielt. Der Vatikan wollte alles dem lateinischen Urtext gemäß übersetzen, und das Ergebnis war dann ein Deutsch, das man nicht mehr lesen konnte. Die Engländer haben es so gemacht und sind todunglücklich damit. Damals gab es einfach diese zentralistische Tendenz, über die am Ende sogar Kardinal Meisner verärgert war, weil er merkte, dass diese Orationen so nicht im Deutschen gebetet werden können. Man kann es einfach nicht wortwörtlich übersetzen.

Als diese beiden Bibeln im Abstand von vier Wochen auf den Markt kamen, kam von journalistischen Kollegen im Hessischen Rundfunk an uns Kirchenredakteure immer die Frage, warum es eigentlich keine gemeinsame Bibel gibt. Die Wochenzeitung »Die Zeit« hat kürzlich getitelt: »Warum haben wir noch zwei Kirchen?« Wenn wir das mal umgekehrt fragen: Brauchen wir eigentlich noch die zwei Kirchen?

Anselm Grün

Wir haben ja nicht nur die zwei Kirchen, sondern viele mehr. Ich denke schon, es könnte eine gesunde Spannung für beide Kirchen sein. Eine Einheitskirche im strengen katholischen Sinn birgt immer auch die Gefahren der Vereinseitigung. Es geht nicht um Recht haben, sondern um eine gesunde Spannung. Katholisch ist wirklich ein wenig anders als protestantisch, aber das ist auch ein gegenseitiges Sich-Reinigen von ideologischen Dingen. Im Katholischen besteht vielleicht die Gefahr der Magie, der Werkgerechtigkeit, auf der evangelischen Seite dagegen die Gefahr der Intellektualisierung oder für mich auch die des Pessimismus. Als ich ein Buch über Schönheit geschrieben habe, las ich ein evangelisches Buch, in dem der Autor sich über die Natur nicht freuen konnte, sondern immer das Kreuz mit einbringen musste. Er war eben Kantianer und nicht Platoniker. Ich habe gemerkt, dass es da einfach einen Unterschied gibt. So gesehen will ich nicht evangelisch werden, sondern katholisch bleiben. Aber diese Unterschiedlichkeit gilt es zu akzeptieren und zu sehen, dass beides seine Gefahren birgt. Wenn wir in einer gesunden Spannung sind und es nicht um Rechthaberei geht, bleibt beides im richtigen Maß.

Nikolaus Schneider

Dem kann ich voll zustimmen. Wir brauchen die eine Kirche Jesu Christi, aber eben nicht die Vereinheitlichung aller Traditionen und konfessionellen Besonderheiten. Es tut uns durchaus gut, dass wir uns gegenseitig korrigieren, weiterhelfen, ermutigen und trösten. Und das geht nur, indem wir wirklich in unseren beiden Traditionen glauben und leben.

Wie erleben Sie die augenblickliche ökumenische Situation? Erleben Sie Ermüdung, erleben Sie Versagen, erleben Sie Drängen? Wo ist denn im Moment überhaupt die größte Dynamik spürbar in der Richtung, die sie aufzeigen?

Anselm Grün

Ich denke, das Luther-Jahr ist noch mal eine Herausforderung, über Ökumene nachzudenken, insofern sehe ich da eine Dynamik. In den letzten Jahren war sicher eine Ermüdung spürbar. Kardinal Lehmann hat etwas geklagt, dass die vielen schönen Texte, die von den Theologen ausgearbeitet worden sind, nicht aufgegriffen wurden.

Nikolaus Schneider

Dokumente wachsender Gemeinschaft, wer kennt die, wie sind sie rezipiert?

Anselm Grün

Das ist das eine. Aber vom Klima her, gerade jetzt mit dem neuen Papst, der nicht so dogmatisch ist und alles genau regeln will, sehe ich doch auch wieder die Chance, einen Kairos, nicht unbedingt neue Papiere zu schaffen, sondern ein neues Miteinander zu wagen.

Nikolaus Schneider

Das schätze ich ganz ähnlich ein. Mit der Aufbruchsstimmung nach dem Zweiten Vatikanum haben wir ökumenisch unglaublich viel erreicht. Mich stört ein rein pessimistischer Blick auf die Ökumene. Wenn man daran denkt, wie das Miteinander der Kirchen noch bis kurz nach dem Zweiten Weltkrieg aussah, welche Geschichte dahintersteht und was in dieser kurzen Zeit danach alles gewachsen und entstanden ist, kann man nur dankbar sein und sich freuen. Und durch die Art, wie der neue Papst sein Amt führt, vermittelt er doch eine Menge ökumenische Anstöße. Als ich ihn im April 2013 als Ratsvorsitzender besuchte, hat er mir zum Schluss gesagt, dass wir doch viele Dinge »insieme«, gemeinsam tun sollen und so gemeinsam vorankommen würden. Und er hat mich als Bruder umarmt und auch so angesprochen, und er machte einfach deutlich, dass wir in Christus schon eine Kirche sind.

Im Jahr 2021 soll es in Frankfurt einen dritten ökumenischen Kirchentag geben. Sie sind beide immer engagiert auf Kirchentagen. Gibt es bestimmte Erwartungen, Hoffnungen, die sie an solch einen dritten großen ökumenischen Schritt haben?

Anselm Grün

Ich würde jetzt nicht wieder auf das Abendmahl fixiert sein, man muss keine Demonstration daraus machen, es geschieht einfach. Die Menschen brauchen wir nicht zu belehren – sie machen, was für sie stimmig ist. Aber ich erwarte neue Ideen, neue Kreativität von beiden Kirchen. Das meine ich mit dieser gesunden Spannung, dass man in den verschiedenen Traditionen schaut, was an einer neuen Form von Liturgie wachsen kann.

Im katholischen Bereich war man stark auf die Eucharistie fixiert, die man für das einzig Richtige gehalten hat, aber heute merken wir in der katholischen Kirche, dass wir andere Formen als die der Eucharistie brauchen. Das können reine Wortgottesdienste sein, vor allem aber Gottesdienste mit Ritualen, mit anderen Formen, wie zum Beispiel Segensgottesdienste und so weiter. Es gibt viele Möglichkeiten, und da erhoffe ich eine gemeinsame Verantwortung in der Gesellschaft, gemeinsame Formen von Kreativität und eine gemeinsame Sprache – keine Einheitssprache, aber eine neue Sprache, wie wir den Glauben heute in unsere Welt bringen können.

Nikolaus Schneider

Ich denke, es ist schon in sich ganz wichtig, dass dieser Kirchentag zusammen organisiert wird. Dass die beiden Kirchentags-Organisationen kooperieren. Dass Menschen, die unsere Kirchen repräsentieren, gemeinsam auftreten. Dieses Signal nach innen und nach außen darf nicht unterschätzt werden. Und dann greift auf unserem ökumenischen Weg vielleicht, wie bei vielen Entwicklungen, was ich »Treppentheorie« nenne: Man bewegt sich eine ganze Zeit auf dem Niveau derselben Stufe, aber dann kommt man an einen Punkt, an dem viele Quantitäten zur Qualität werden, man wieder eine Stufe nimmt und ein ganzes Stück höher kommt. Also: Nutzen wir den ökumenischen Kirchentag, um uns auf unserem ökumenischen Weg ermutigen zu lassen. Lasst uns diesen Weg zuversichtlich weitergehen in der Erwartung, dass wir bald wieder gemeinsam eine weitere Treppenstufe erreichen.

Nachwort

500 Jahre Reformation feiern? Oder doch nur Reformationsgedenken – und dabei beklagen, dass die Reformation eine tief schmerzende Spaltung hervorgebracht hat? Jahrelang hat diese Frage die Vorbereitungen zum Reformationsjubiläum bestimmt. Nikolaus Schneider und Anselm Grün haben sich etwas anderes vorgenommen: Luther gemeinsam zu betrachten. Das ist wohl die einzig angemessene Art, die vergangenen 500 Jahre in den Blick zu nehmen. Betrachten heißt, noch einmal hinsehen, Geschichte wahrnehmen, Zusammenhänge verstehen und dabei Neues entdecken. Und sich selbst mit in den Blick nehmen. Das eigene Leben, die eigene Zeit, Geschichte und Gegenwart ins Gespräch bringen. Und das eben: gemeinsam. Weil Trennung und Spaltung längst nicht mehr das ist, was das Verhältnis zwischen Katholiken und Protestanten prägt. Und weil der Blick zurück und der Blick auf die Gegenwart mit den Augen des anderen noch einmal ein neues Bild zeigt, das gemeinsame Betrachten den Horizont weitet. Genau das haben wir erlebt in den Gesprächen mit dem benediktinischen Mönch Anselm Grün und dem evangelischen Pfarrer und Kirchenführer Nikolaus Schneider.

Eine prägende Einsicht dieser gemeinsamen Betrachtung ist: Protestanten und Katholiken sind im Grunde beide durch die Reformation gegangen. Die Reformation ist kein evangelisches Sondergut. Sie hat auch die katholische Kirche geprägt. Ohne die Reformation wäre die katholische Kirche heute eine andere Kirche – und vermutlich keine bessere. So hat es die katholische Theologin Johanna Rahner aus Tübingen einmal ausgedrückt.

In den Gesprächen zwischen Grün und Schneider wird das an vielen Stellen deutlich. Und zwar in zweifacher Hinsicht: Es fällt dem Katholiken Anselm Grün nicht schwer, immer wieder darauf hinzuweisen, wie sehr sich seine Kirche verändert hat seit dem 15. Jahrhundert, dass sie – auch in Auseinandersetzung mit Luther und seinen Mitstreitern – dabei reformatorische Impulse aufgegriffen hat und wie wenig die Konflikte von damals heute noch das Verhältnis der Konfessionen prägen. Der Katholik und der Protestant entdecken im Gespräch, dass sie über die vergangenen 500 Jahre in einem gemeinsamen Traditionsstrom stehen. Aber das gilt ebenfalls in die andere Richtung: Dem Protestanten Nikolaus Schneider fällt es nicht schwer, immer wieder darauf hinzuweisen, wie sehr Martin Luther in der theologischen und spirituellen Tradition der alten Kirche verwurzelt war, dass seine reformatorische Theologie gar nicht denkbar ist ohne die Spiritualität und die Theologie eines Thomas von Aquin, eines Augustinus und all jener Mystiker, die wir heute mit verengtem Blick als »nur« katholisches und nicht auch protestantisches Erbgut betrachten würden. Der Blick zurück über die Jahrhunderte zeigt: Uns verbindet mehr, als uns trennt.

Und trotzdem sind es zwei Kirchen, zwei Traditionen, die sich unterscheiden, die verschieden sind. Wenn Anselm Grün und Nikolaus Schneider sich begegnen, dann zeigt sich, dass jeder in seiner Tradition verwurzelt ist und von ihr geprägt ist. Da ist es egal, ob einer schon als Kind in einem konfessionell geprägten Milieu aufgewachsen ist oder ob er seine religiöse Prägung erst spät und in bewusster Suche aufnimmt. Und genau diese tiefe Verwurzelung in der eigenen Tradition ist gut und wichtig. Denn nur sie ermöglicht den weiten Horizont, die Offenheit für den anderen. Wo die eigenen Wurzeln nicht klar sind, finden wir oft ängstliches Festklammern an den vermeintlich Halt gebenden Gitterstäben eines vorgegebenen Glaubenssystems. Da ist vorrangig Abgrenzung und wenig Lebendigkeit. Anselm Grün und Nikolaus Schneider gehen lebendig mit ihrer Tradition um. Sie bringen sie mit dem eigenen Leben und ihren persönlichen Erfahrungen in Verbindung. Sie prüfen, was zum Leben hilft und den Glauben stärkt. Es ist ein innerer Dialog, auf den Anselm Grün immer wieder hinweist. Ein inneres Gespräch, das Freiheit ermöglicht – gerade in der Begegnung mit dem Anderen und dem Fremden. Das wäre letztlich die vornehmste Frucht eines solchen Reformationsjubiläums oder Reformationsgedenkens: dass es uns anregt, das Gespräch mit der eigenen Tradition zu führen und damit die eigenen Wurzeln zu pflegen.

Damit ist auch schon angedeutet, worin das Ziel einer solchen gemein-samen Betrachtung besteht. Der ökumenische Austausch will dazu ver-helfen, Vielfalt wahrzunehmen und wertzuschätzen. Der Reichtum des Glaubens besteht in Vielfalt und Verschiedenheit, nicht in Einheitlichkeit und Konformität. Das Ziel der Ökumene ist deshalb nicht die Schaffung einer formalen Kircheneinheit, wie auch immer die aussehen sollte. Das Ziel ist vielmehr die Freude an einer bunten und lebendigen Vielfalt und die gegenseitige Achtung und Wertschätzung. Gerade darum schmerzt es so, wenn man in der ökumenischen Begegnung erleben muss, dass Grenzen aufgerichtet werden, dass gegenseitige Wertschätzung verwei-gert wird, dass gemeinsame Teilhabe nicht ermöglicht wird. Im Gespräch über die Eucharistie drücken Anselm Grün und Nikolaus Schneider das sehr deutlich aus: In gegenseitigem Respekt und gegenseitiger Wertschät-zung wäre viel mehr möglich, als formell erlaubt ist. Ökumenische Gast-freundschaft am Tisch des Herrn kann gelebt werden, davon sind beide überzeugt. Dass dem trotzdem vieles noch immer entgegensteht, darf nicht verleugnet werden. Diese Wunde wahrzunehmen und den Schmerz zu beklagen, auch das gehört zur gemeinsamen Betrachtung des Erbes der Reformation.

Ganz offenbar ist aber 500 Jahre nach dem Beginn der Reformation Martin Luthers die Zeit reif, die ökumenische Zukunft noch einmal neu in den Blick zu nehmen. Die in den vergangenen Jahren oft beklagte öku-menische Eiszeit ist einer neuen tastenden Aufbruchsstimmung gewichen. Dafür hat zweifellos Papst Franziskus Türen und Wege eröffnet. Beson-ders in Deutschland hat das als »Ökumenisches Christusfest« gefeierte Reformationsjubiläum aber auch eine ganz eigene Dynamik entwickelt. Wir hoffen, dass die in diesem Buch dokumentierten Gespräche den ökumenischen Geist beflügeln können.

Lothar Bauerochse